高校户外运动教学
理论探索与实践

杨家根　著

中国原子能出版社
China Atomic Energy Press

图书在版编目（CIP）数据

高校户外运动教学理论探索与实践 / 杨家根著.
--北京：中国原子能出版社，2023.10

ISBN 978-7-5221-2960-0

Ⅰ. ①高⋯ Ⅱ. ①杨⋯ Ⅲ. ①体育教学–教学研究–高等学校 Ⅳ. ①G807.4

中国国家版本馆 CIP 数据核字（2023）第 168854 号

高校户外运动教学理论探索与实践

出版发行	中国原子能出版社（北京市海淀区阜成路 43 号　100048）
责任编辑	张　磊
责任印制	赵　明
印　　刷	北京天恒嘉业印刷有限公司
经　　销	全国新华书店
开　　本	787 mm×1092 mm　1/16
印　　张	12.25
字　　数	210 千字
版　　次	2024 年 1 月第 1 版　2024 年 1 月第 1 次印刷
书　　号	ISBN 978-7-5221-2960-0　　定　价　**68.00** 元

网址：http://www.aep.com.cn　　　　**E-mail：atomep123@126.com**
发行电话：**010-68452845**　　　　　　　　版权所有　侵权必究

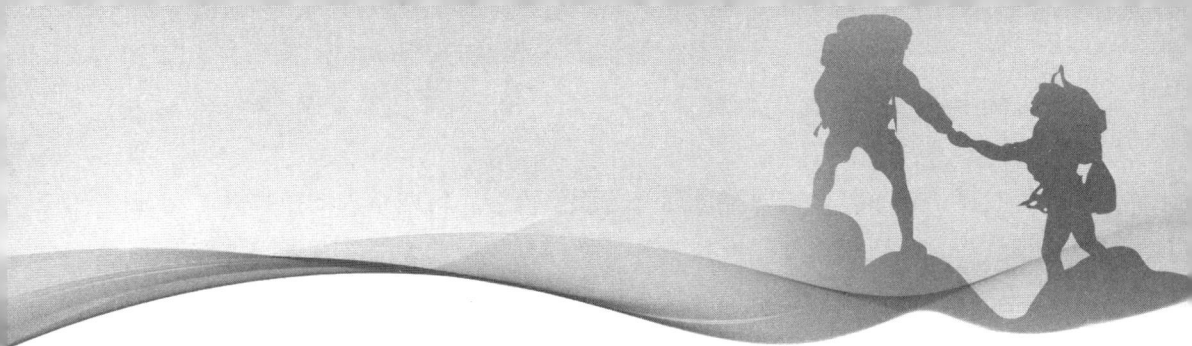

前　言

高校体育户外运动训练课是以体能活动为引导，培养大学生综合能力和素质的一门课程，是体育课程体系改革的一个组成部分。它打破了体育课长期以来封闭的教育形式，将高校体育课程体系扩展到社会和大自然中，不仅能够增强大学生的身体素质，培养优秀意志品质，还能让大学生回归自然、感受自然，在自然当中接受教育，从而拓展了体育课程的时间和空间，体现了体育课程的多种功能和价值，对推动我国高校体育课程的深化改革将产生重要和深远的影响。

户外拓展运动是在自然场地上进行的集体运动项目，具有很强的娱乐性、挑战性和刺激性，运动价值非常高。将户外拓展运动引入高校体育教学实践是高校体育教学的一种创新和发展，是新时期高校培养全面发展的高素质人才的必然要求，也是当代大学生拥抱自然、挑战自我、进行终身体育的客观需要。就我国高校户外拓展运动教学的发展现状来看，存在着教学体系不完善、教学内容不全面、课程构建不完整等诸多问题，基于此，本书旨在为高校户外运动提供必要的教学指导。

本书共分五章，第一章为高校户外运动概述，主要包括两节内容，第一节介绍了户外运动的起源及发展、户外运动概念及特点、户外运动的分类及价值，第二节介绍了户外运动的概念、户外运动对高校学生身心健康的作用；第二章为户外运动基础体能与心理训练，主要从三个方面进行介绍，分别是体能训练与心理训练概述、户外体能训练、户外心理训练，详细论述了户外运动的体能训练、速度训练耐力训练等；第三章为户外运动的风险管理与逃生技能，主要介绍了户外运动中风险管理的重要性、现代户外运动风险管理与系统架构、户外突发性自然灾害事故的自救逃生、户外突发性治安事件的应对措施四个方面的内容；第四章为高校户外运动训练理论教学，详细论述了高校户外运动课程教学的必要性及课程教学的理论、高校户外训练课程教学的特点及模式、高校户外露营装备指导教学；第五章为高校户外运动项目训练与实践，主要介绍了三个方面的内容，依次是高校户外运动项目实践、高校户外野外生存能力实践、高校户外运动训练实践。

在撰写本书的过程中，作者得到了许多专家学者的帮助和指导，参考了大量的学术文献，在此表示真诚的感谢。本书内容系统全面，论述条理清晰、深入浅出，但由于作者水平有限，书中难免会有疏漏之处，希望广大同行及时指正。

作　者

2023 年 4 月

目　录

第一章　高校户外运动概述

本章为高校户外运动概述，主要包括两节内容，第一节介绍了户外运动的起源及发展、户外运动概念及特点、户外运动的分类及价值，第二节介绍了户外运动的概念、户外运动对高校学生身心健康的作用。

第一节　户外运动简介

随着全民健身活动的深入及阳光快乐体育运动的广泛开展，大学生健身运动进入了一个新阶段。体育运动健身成为高校大学生课余生活中不可缺少的新元素之一。为了增进对大自然的了解、体验大自然给我们带来的生活乐趣，大学生纷纷走出校门，脱离狭小空间的束缚，投入大自然的怀抱，通过开展形式多样的体育活动，可以舒缓其心理压力，维护其身心健康。

户外运动既能满足大学生好奇、求新的心理需求，又能使大学生在艰苦的自然环境下受到锻炼，提高克服困难的能力，突破自我、超越自我，从而体现自我价值，培养集体主义精神。户外运动在大学校园中虽起步较晚，但发展趋势迅猛。究竟什么是户外运动，其起源和发展如何，分类是怎样的，本章将一一介绍。

一、户外运动的历史源流及发展历程

（一）户外运动的历史源流

户外运动，从字面上解释，就是在户外环境中开展的体育运动。户外

运动的英文是"outdoor"。户外运动中包含的内容、技术和技能源自于人类发展的历史，源自于人类的劳动生活、生产实践、科学探险，甚至是人类战争的需要。人类早期在艰苦的自然环境中为了生存或发展而被迫进行活动，为了上山采摘，就创造出了攀岩及岩降的技能；为了作战和迁徙，就积累了长途跋涉和翻山越岭的经验；为了狩猎，就发现了辨别路线追踪的方法；为了捕鱼和寻找新大陆，就掌握了舟渡和潜水的本领。其他如负重行军、放牧捕鱼、洞穴探险、高山探险等活动，在开拓人类生存发展空间的拼搏中，都可以找到户外运动的原始元素。因此，户外运动是从原始的战争、生产劳动、科学探险中提炼出来的体育运动，一旦成为体育运动，它的目的就不再是物质财富的生产，而是促进个体在身体、心智方面的发展，使人能够认识自我、完善自我、挑战自我。同时，体育运动也在不断地注入新的科学文化内涵，为人们提供娱乐和身体发展的途径。

（二）户外运动在国际范围的发展历程

1857 年，以登山、徒步为主要户外运动项目的俱乐部在德国诞生，这也是世界上最早的户外运动俱乐部，这个民间组织也是现代户外运动俱乐部的雏形。户外运动俱乐部的诞生，促进了登山运动的发展，在 1855 年至 1865 年的十年间，阿尔卑斯山脉 20 座 4 000 米以上高峰相继被征服。

第二次世界大战后，随着战争的远离和经济的发展，户外运动开始走出军事和求生范畴，成为人类娱乐、休闲和提升生活质量的一种生活方式。

1989 年，在新西兰举办的首次越野探险挑战赛后，各种各样的户外运动和比赛在全世界如火如荼地开展起来。目前，在欧洲每年都有众多的大型挑战赛举行；在美国，户外运动的参与人数和产值都位居所有体育运动的第三位。

同时，户外运动也在向竞技体育方向发展，1973 年，一群年轻人曾激烈地争论：在长距离自然水域游泳、长距离山地自行车和马拉松比赛中，到底哪一项是最严酷的体育比赛？在争论没有结果的情况下，最后 12 个人同意连续参加这三项比赛，这就是历史上的第一次铁人三项比赛。随后在新西兰诞生了平原和山地铁人赛。

越野挑战赛的构思起源于 1987 年，法国记者热拉热·菲西在采访阿根

廷举行的怀特布雷德环球帆船赛时突发奇想，把麦哲伦环球航行的路线移植到陆地上来，让更多的人能够体验到户外探险的乐趣，并有机会在户外活动中一决高低。当时他提出了一个比赛计划：赛程在 7 天以上，每组 5 人，日夜兼程，通过规定数量的检查站，不得使用机械化的交通工具等。这个计划得到了最终的实现。

1989 年，为期两周的首届莱德加洛伊斯赛在新西兰南岛举行，这也是首次国际探险越野赛，共有三十支队伍参加，最终有六支队伍到达终点。目前，该比赛直线距离在百公里以上，赛期长达 10 天左右，比赛多半是在世界最险峻的地形中进行，比赛中的运动方式包括徒步、游泳、攀岩、骑马、泛舟等。

1993 年，美国人马克·本内特邀请四名海豹特种兵组队参加了莱德加洛伊斯赛，根据这次的比赛经验，他提出了自己的构想，与 Discovery 频道一拍即合，诞生了艾科挑战赛。首次比赛于 1995 年 4 月在美国犹他州举行，该赛事与多家电视频道有密切联系，其收视率高居同类赛事之首，受到人们的喜爱。

1997 年，群策业务推广公司、国际管理集团和普里斯公关公司得到日本七星烟草的支持，在中国举办了七星国际越野挑战赛，该赛事为期 4 天，由山地自行车、皮划艇、团队划船、直排旱冰、越野技能及山地自行车组成。该赛事项目种类多，比赛强度、难度及娱乐性调整过渡衔接合理，既最大限度地调动了参与者的兴奋性和积极性，又避免了一些探险越野赛的单调和枯燥。

现在越野挑战赛发展得非常迅速，风靡世界，每年在世界各地有近百个国家举办。近年来，还诞生了欧洲锦标赛、世界冠军赛等各种形式的知名越野赛近百个。而各种区域性的、赛时较短的、生动活泼的大小赛事上千，遍及世界各地。这些使人们在广阔的大自然中焕发出无限的活力。

（三）中国国内户外运动的发展历程

1957 年 6 月，中华全国总工会登山队登上了四川西部海拔 7 556 米的贡嘎山顶峰。这是我国登山运动员第一次独立组队进行的登山活动，以攀登贡嘎山的胜利为标志，中国户外运动进入了一个新的发展时期。

20世纪80年代，随着中国户外资源的对外开放，外国登山者和探险者带来了关于户外运动的新理念，外国人在中国进行的山地穿越、徒步行走、江河漂流、山地自行车、登山攀岩等活动，使得国人开始认识到这些令人耳目一新的体育活动。之后一些国内探险者、旅游爱好者开始参与这些运动。1989年，第一家国内从事登山户外活动的民间社团昆明登山探险协会在昆明成立。

1993年，中国登山协会在北京主持召开了首次全国野外活动研讨会，对户外运动的开展进行了首次研讨和梳理。这次会议对户外运动在中国的开展和普及起到了极大的推动作用。其后，一些地方也成立了相关的户外运动组织，在困难的条件下积极开展活动，成为当地户外运动的开路先锋。

我国真正意义上的群众性"山地户外运动"的兴起是在20世纪90年代，一些高校体育工作者把登山过程中的经历，演变成了运动项目。将自然岩壁攀爬、岩降、野外定向、负重行军、丛林穿越、涉水、溯溪、修建营地、埋锅造饭等纳入体育教学，开设了野外生存体验课并组织相关活动向社会推广，吸引社会人士参与此项活动。该项活动所具有的独特魅力吸引了大批年轻人踊跃参加。户外运动作为新兴的体育项目，带着强烈的时尚气息在我国迅速发展，全国各地的户外运动俱乐部如雨后春笋般发展起来，在短短的几年内，就已发展到几百家。运动项目也在不断拓展，技术、技能水平也不断得到提升。现如今，登山、攀岩、徒步、穿越、溯溪、溪降、漂流、越野自行车、探洞、直排轮滑、野外生存等一系列新颖奇特、刺激惊险、张扬个性、充满想象力的户外运动项目已被许多中国人所接受，户外运动正逐渐由少数爱好者参与的运动向大众化的休闲体育方式转变。

二、户外运动的定义及特征

（一）户外运动的定义

作为一项新兴的体育运动，户外运动得到了很多人的青睐，户外运动俱乐部在国内迅猛发展，参加户外活动的人员也在急剧增加。

有学者认为，户外运动是一组以自然环境为场地（非专用场地）的带有探险性质或体验探险的体育项目群。也有学者认为，户外运动是指在自

然场地（非专用场地）开展体育活动。由于人们的认识不一致，国内外对户外运动还没有一个确切统一的定义。结合国内外有关专家的认识和见解，我们以广义、狭义和特定的概念来界定户外运动。

有人认为，户外就是"走出院落"，"运动"是人体在空间中改变位置的行为。因此，户外运动可以定义为在室外环境下进行的活动，如在户外场地或露天空间进行的活动。在此定义下，在露天的环境中打球、跑步，甚至散步都是户外运动。我们把这种认识暂定义为广义的户外运动，即在非人工的自然环境中的空间位移都可以认为是户外运动。但这个定义过于宽泛，在认识和理解上容易与其他的体育运动混淆起来，显示不出户外运动的独特魅力。

狭义的户外运动是指在自然场地（非专用场地）开展的体育活动。这应是一个比较贴切的定义。其中，自然场地（非专用场地）对于户外运动来说，是一种自然的状态，排除了在室外人工专门场地进行的体育运动项目，如足球、沙滩排球、高尔夫球等运动，它主要包括大自然和人工非运动目的的建筑物，如公路、楼房等。另外，狭义的户外运动规定了活动的性质，即体育运动，这就排除了自然场地中进行的其他活动，如旅游、生产等活动。

在户外运动中，山地户外是主要内容，也是人们最常开展的户外运动形式。山地户外运动是户外运动的一个特定的概念，山地户外运动是指在海拔 3 500 米以下的山区、丘陵开展的与登山有关的户外运动。这是中国登山协会章程中规定的关于高山概念的海拔。我国四川、云南的高山雪线一般都在 3 500 米左右，而青藏高原雪线一般在 4 500 米左右。若是在雪线 3 500 米以上的地区从事活动，一般需要特殊器械和设备，如特殊的行军、饮食设备、住宿和攀登用的特殊器械等，并且在海拔 3 000～3 500 米以上的地区生活，由于空气中含氧量和气压的降低，人们会出现明显的身体不适，即高原反应。因此，3 500 米是一个比较合理的界线，海拔在 3 500 米以上的地区我们通常定义为高原。

（二）户外活动的特征

户外运动的性质决定了它是一项高风险的运动，将会面对复杂甚至恶劣的环境，户外运动也没有统一的运动规律，情况复杂多变，团队成员之间的心态微妙，发生意外求救和救援都非常困难。正是因为这些原因，户外运动实际上是一个综合性非常强的体育项目，它包括生理、心理、医学、地理、气象、天象、动植物、人文学等方面的知识，同时还需要良好的心态、沟通能力、团队精神、丰富的经验和果断的性格。所以要成为一名优秀的户外运动者，不仅应是运动方面的专家，而且还应该"上知天文下知地理"，更需要具备高尚的人格品质及良好的心理素质，勇于付出和牺牲。归纳起来，户外运动具备以下几个特征：

（1）以自然环境为运动场地，有回归自然，返璞归真的特征。要求人们对自然要有发自内心的热爱和亲近，才能领悟到大自然的真谛。

（2）户外活动无一例外地具有不同程度的挑战性和探险性。要有挑战自我极限的心理准备，做好吃苦受累的准备，保持积极健康的心态。

（3）户外活动尤其强调团队精神。团队的力量远远大于个人的力量，尤其是在恶劣环境中。

（4）户外活动对身体、意志有全面的要求。户外运动是一门专业性非常强的体育运动，有着更加科学的训练方法和方式，对参与者的身心意志有非常高的专业要求。

（5）户外运动是一门综合性的学科。户外运动不仅受地理环境影响，还受气候、动植物、水文等因素影响。

（6）户外运动是体验式教育的重要组成部分。通过组织引导参加者亲身实践，自觉、自然地学习相关的知识，培养他们坚韧不拔的意志、较好的团队意识和良好的行为习惯。

另外，大学生户外运动还具备如下几个特点：

（1）活动空间的自然性。大学生户外运动要在远离学校和课堂、远离城市的风景优美的自然环境中开展，他们可以暂时远离课堂、学校的学习压力，远离城市的浮华和喧嚣，在接近自然的状态下进行体验和学习。

（2）活动性质的实践性。与大学生在课堂教学中主要学习书本知识等间接经验不同，户外运动要求大学生主要通过亲自动手、亲身参与完成各项活动，并按照自己参与活动的实践经验对活动的体会进行总结，获得来自亲身实践的直接经验。

（3）参与人员的互动性。学校与课堂所进行的活动，一般需要大学生通过上课、作业等相对独立的行为完成，而户外运动需要由多名学生组成一定的团队，以小组为单位开展具体活动，参与者以小组成员的身份与小组其他成员一起生活、游戏和学习，在活动中熟悉并懂得成为团队一员的过程中，规则、责任、理解和协同的重要性。

（4）活动内容的综合性。大学生户外运动能够综合考察和锻炼其身体素质、智力水平和协同合作的组织能力。在活动内容上，它既包括体能拓展等身体素质方面的锻炼，也包括野外物种、自然知识学习考察等知识方面的培养，还包括各类野外生存训练等多项生存、生活技能的培训与掌握。

三、户外运动的类型与意义

（一）户外运动的类型

按照开展户外运动的自然场地，可将户外运动分为水上户外运动、空中户外运动和陆地户外运动三大类型。目前，我国开展较广泛的主要是陆地户外运动。

1. 水上户外运动

水上户外运动主要包括漂流、扎筏、溯溪、泅渡等。

2. 空中户外运动

空中户外运动包括高空弹跳，跳伞，热气球，高低空绳索，悬挂式滑翔器，滑翔翼等。

3. 陆地户外运动

陆地户外运动是指在陆地区域（包括大陆和岛屿内）地面进行的户外活动，包括山地户外、海岛户外、荒漠户外、高原户外等。

（二）户外运动的意义

1. 身体锻炼价值

2007 年 4 月，教育部、国家体育总局、共青团中央三部委联合发布"全国亿万学生阳光体育运动"的通知，通过阳光体育的引导，促进各级各类学校形成浓郁的校园体育锻炼氛围和全民参与的群众性体育锻炼风气，吸引广大青少年学生走向操场、走进大自然、走到阳光下，培养体育锻炼的兴趣和习惯，提高学生体质健康水平。户外运动利用空气、阳光、水、河、湖、海、沙滩、田野等自然条件，并根据实际情况进行登山、攀岩、徒步、溯溪等项目的活动或比赛。这些项目呼应了"阳光体育运动"，能够有效地促进大学生的新陈代谢，提高身体抵抗力，能够充分提高人的力量、耐力、速度、灵敏、柔韧、协调、反应等素质。活动内容丰富多彩，大学生可以根据个人喜好、身体健康状况来有目的地选择锻炼项目。

2. 心理健康价值

心理学家对许多户外遇险又成功生还的人进行调查发现，在户外遇险时最大的难题往往不是技术，而是心理。恐惧和焦虑、烦恼和孤独使户外运动者心理产生巨大变化。在生活中，我们不难发现这样的情况：一些经验丰富的、学识渊博的人，往往不能发挥自己的才能，完成本来凭自己的实力可以胜任的工作；许多身体健康，很有天赋的运动员，平时运动成绩很好，但是在正式比赛时往往不能发挥出自己的水平，甚至经常失误。这一切都与心理素质有着极大的关系。如今，户外运动等一系列的体育活动作为改善人们心理健康的有效方法，开始被越来越多的人接受。

3. 融入社会价值

户外运动的过程是一个合作的过程，合作是指在运动中，为完成共同的任务而采取的有明确责任分工的互助性组织形式。通过这一过程的合作，可以使学生思维敏捷，反应迅速，有助于参与者在运动过程中体验情感，了解个人与集体的关系，从而培养学生团、友爱和相互帮助的情操，激发参与者不甘落后、积极向上的竞争意识。此外也能培养人们尊重权利、履行义务的意识，形成正确的价值观和道德观，理解公平竞争的含义。

可以说，通过户外运动，学生不仅可以提高对身体、生命、环境和体育的认识，形成正确的体育价值观，还可以学会社会生活所需要的能力、行为方式和行为规范，提高人们对社会的适应能力，使他们更好地融入社会，成为一个完整的社会人。

4. 精神减负价值

目前，我国教育发展处于改革时期，在改革过程中必然出现一系列的问题，诸如大学生就业问题、大学生心理压力问题等。参加户外运动，可

以用独特的方式减压。攀岩、登山等一系列的活动，锻炼了大学生的毅力，增强了他们面对困难的勇气和自信心，使他们敢于挑战自我、超越自我。经过户外运动的考验，相信他们会保持一种平和的心态，用全新的方式去迎接生活和学习的挑战。

5. 情感体验价值

户外运动还具有丰富的情感体验价值，例如：三五个好友一起背上一条主绳和几把铁锹，带上帐篷和睡袋，踏上崎岖的山路，寻找一块陡峭的岩壁。走累了就席地而坐，渴了就喝一捧甘洌的溪水，饿了就拿出随身携带的食物。当太阳落山后，大家找一块平坦的土地，支起帐篷，打开睡袋，开始为自己打造一个临时的家，还可以动手烹制一顿美味的晚餐。当夜深人静时，大家围在篝火旁仰望满天的繁星，聆听大自然美妙的声音，会感到世俗中的一切都离自己而去，烦恼的事情，烟消云散。

6. 教学价值

当今高校，体育教学处在改革的浪潮中，其教学内容、方法及教学目标都随着社会的进步、时代的变迁发生了根本性的变化。体育教学内容由"以运动技术为中心"向"以体育方法、动机、活动、经验"转变，教材的内容突出健身性、娱乐性、趣味性、终身性和实用性。"阳光体育""快乐体育""健康第一"的思想已经是高校体育的核心。户外运动作为一项新兴运动项目已经进入一些高校教学当中，成为一项备受欢迎、极具教育价值的体育课程。它突出健身性、娱乐性、趣味性、终身性和实用性，符合素质教育的要求，正逐步被推广和快速发展起来。2002 年，教育部《全国普通高等学校体育课程指导纲要》《全国普通高等学校本科体育教育专业课程方案》两个重要文件，都将户外运动项目列为本科体育教育的主干课程之一。到 2005 年底，全国已有百余所高校相继开设了野外生存、攀岩、拓展、定向等户外活动课程。

7. 观赏价值

以惊险、刺激、竞争、激烈为特色的户外运动极具观赏价值。在自然环境中，陡峭的岩壁、湍急的河流、荆棘遍布的丛林等待人们去挑战和征服，并激发观众观看的热情。各式各样的户外运动极大地满足了不同爱好、不同欣赏水平的人群的观看兴趣。

8. 树立终身体育观

所谓终身体育，是指一个人终身都接受体育教育和从事体育锻炼，使其身体健康，身心愉悦，终身受益。终身体育是社会发展和现代生活方式的需要，也是现代体育发展的重要方向。学校体育教学确立以终身体育为指导思想，注重学生体育意识的增强、体育能力的培养、经常锻炼身体习惯的养成，从而为终身从事体育锻炼打好基础。因此，要注重对学生的终身体育能力的培养，使他们既学到全面的体育知识和技能，又能找到自己热爱的、能坚持锻炼的体育项目，培养学生终身热爱体育的态度、终身参与体育锻炼的能力，使他们在参与体育锻炼中获得自我发展。

户外运动有很强的娱乐趣味性，强调集体配合等特点，能有效打破体育课内容简单且低效的重复以及高校体育停留在以运动技术为主的现象。参与户外运动活动既能锻炼身体、增强体质，掌握走、跑、跳等基本运动技能，促进身体全面发展，又能娱乐休闲。愉快的锻炼能使人得到心理上的升华，缓解日常生活的压力，调节情绪。在活动中，能得到一种积极向上的荣誉感和人与人之间交往的亲切感，能给人一种情感的体验。户外运动既是健身的积极手段，又是健心、提高社会适应能力的重要方法。学生们可以充分利用课余时间和节假日来组织户外运动，体验体育学习和体育锻炼的乐趣，养成经常参加体育锻炼的习惯，从而为培养终身体育观打下了坚实的基础。

第二节　户外运动与高校学生身心健康

一、健康的定义

（一）健康定义的基础理论

健康是生命的象征、幸福的保证。人人需要健康，向往长寿，那么什么是健康呢？古往今来，人们对于健康的解释各不相同。过去，人们总认为"无病、无残、无伤"即健康。长久以来，"没病就是健康"的传统健康观和"人的命天注定"的宿命论在社会人群中普遍存在。殊不知，即使没

有任何躯体上的疾病，在生活中还会有烦恼、抑郁等存在。然而，随着社会的发展和科学技术的进步，人们已突破了原先的思维模式，对健康的概念有了新的认识。因此，对大学生进行健康教育，宣传和普及新的健康观尤为重要。关于健康的概念，有较多的论述和提法。

1. 三维健康模式

三维健康模式是美国学者奥林斯提出的，它强调从生理、心理和社会三个方面来评价人的生命状态，每个方面均包含健康和疾病两极，由此得出关于人的健康状况的三维表象。

2. 健康五要素理论

美利坚大学的国家健康中心提出了一个与健康三维观相似的健康定义，即个体只有身体、情绪、智力、精神和社交等五个方面都健康（也称健康五要素），才称得上真正的健康，或称之为完美状态。

（1）身体健康

主要指无病，而且包括体能，体能是一种满足生活需要和有足够的能量完成各种活动任务的能力，具备这种能力可以有效地预防疾病，增进健康，提高生活质量。

（2）情绪健康

主要的标志是情绪的稳定性，即个体应对日常生活中人际关系和环境压力的能力。它是一种生活中的常态，偶尔的情绪高涨或低落均属正常。

（3）智力健康

指在长期的学习和生活中，大脑始终处于活跃状态。

（4）精神健康

主要包括理解生活基本目的的能力，以及关心和尊重所有生命的能力。对不同宗教、文化和国籍的人来说，意味着不同的内容。

（5）社交健康

指形成与保持和谐人际关系的能力，它将使人们在交往中有自信心和安全感。与人友好相处，会使人少生烦恼，心情舒畅。

健康的五个要素相互联系、相互影响。在人生命的不同时期，健康各要素的重要作用会有所不同，长久地忽略某一种要素就可能存在健康的潜在危险。只有每一个健康要素平衡发展，人才能称得上处于完美状态，才能真正健康和幸福地生活，享受美好人生。

3. 世界卫生组织对健康的定义

关于健康的定义，世界卫生组织的论述具有较高的认同性和权威性。它提出的健康新定义是：所谓健康，并不仅仅是不得病，还应包括心理健康以及社会交往方面的健康，在精神上、身体上和社会交往上要保持健全的状态。这就充分表明，健康在生理属性方面，不单纯指人体没有病痛，而且强调人在气质、性格、智力等方面的完好状态。在社会属性方面，健康要求人们的社会活动、人际关系、社会地位、生活方式、环境、物质和精神生活的满意度等方面正常。只有身心健康的人，才是完美的健康人。为了进一步使人们完整和准确理解健康的概念，世界卫生组织又规定了衡量一个人是否健康的十大准则：

（1）有充沛的精力，能从容不迫地担负日常生活和繁重工作，而且不感到过分紧张与疲劳。

（2）处事乐观，态度积极，乐于承担责任，事无大小，不挑剔。

（3）善于休息，睡眠好。

（4）应变能力强，能适应外界环境的各种变化。

（5）能够抵抗一般感冒和传染病。

（6）体重适当，身体匀称，站立时头、肩、臂位置协调。

（7）眼睛明亮，反应敏捷，眼睑不易发炎。

（8）牙齿清洁，无龋齿，不疼痛；牙龈颜色正常，无出血现象。

（9）头发有光泽，无头屑。

（10）肌肉丰满，皮肤有弹性。

科学技术的迅速发展和新兴边缘科学的出现，使人们对健康的认识和要求不断更新、发展，并赋予健康更丰富的内涵。真正的健康不仅仅指生理功能无异常，还应该包括健康的心理状态和对社会环境良好的适应能力，即健康包括生理和心理两方面的内容。身体健康是心理健康的基础，心理健康是身体健康的必要条件，二者互相联系，相互影响，共同维护人体的正常功能。因此，只有心理和生理同时健康才是真正的健康。

（二）亚健康的定义

亚健康是近年来新提出的概念。亚健康状态是介于健康与疾病之间的一种状态，又叫"第三状态"或"灰色状态"，是指机体在内外环境不良刺激下引起心理、生理发生异常变化，但尚未达到明显病理性反应的程度。从生理学角度来讲，亚健康状态就是人体各器官功能稳定性失调但尚未引起器质性损伤，医学检查所得的各项生理、生化指标均无明显异常，医生无法作出明确诊断。在此状态下如能及时调控，可恢复健康状态，否则会发生疾病。亚健康状态基本上是由于机体组织结构的退化（老化）及生理功能减退所致，因此，目前将人体衰老的表现也列入亚健康状态。

亚健康在临床上常被诊断为疲劳综合征、内分泌失调、神经衰弱、更年期综合征等。心理上，抑郁的具体表现包括精神不振、情绪低落、反应迟钝、失眠多梦、白天困倦、注意力不集中、记忆力减退、烦躁、焦虑和易惊等。生理上，抑郁可导致疲劳、乏力，活动时气短、出汗，以及腰酸腿疼等症状。此外，还有可能出现心血管系统变化，如心悸、心律不齐等。

那么，造成亚健康的原因是什么呢？

（1）过度疲劳造成的精力、体力透支，生活、工作节律加快，竞争日趋激烈，人们用脑过度，身心长时期处于超负荷紧张状态，造成机体身心疲劳，表现为疲劳、精力不足、注意力不集中、记忆力减退、睡眠质量不佳、颈背腰膝酸楚疼痛、性机能减退等。长期下去，必然造成内脏功能过度损耗、机能下降而出现亚健康状态。

（2）人的自然衰老。人体成熟以后，在 30 岁左右就开始衰老，一般从器官开始老化，出现体力不足、精力不支、社会适应能力降低等现象。譬如，女性出现更年期综合征时，生理功能紊乱、精神和情绪躁乱；男子虽然更年期综合征不明显，但是也会产生性机能减退、心情烦躁、精力下降等综合症状。这时人体是没有病变的，但是已经不完全健康，属于亚健康状态。

（3）现在世界各国公布的死亡前三位病因，几乎都是心、脑血管疾病和肿瘤。在这些疾病发病前的长时期内，机体也可能处于亚健康状态，人体内脏系统虽然没有显著病变，但已经有功能性障碍，如胸闷、气短、头晕目眩、失眠健忘、心悸等。各种化验却未发现呈阳性，没有对症的药，也没有合理的解释。

（4）即使是一个健康的人，在某一特定的时期也可能处于亚健康状态。人的体力、精力、情绪都有一定的生物节律，有高潮也有低潮，脑力和体力都有很大的反差。在低潮时期，就会表现出亚健康状态。

（三）对健康产生影响的多种因素

人体是一个极为复杂的有机体。影响和制约人体健康的因素是多方面的，主要有遗传因素、心理因素、环境因素、行为与生活方式因素、社会保健制度因素。

1. 遗传性因素

后代形成和亲代相似的多种特征称为遗传特征。遗传不仅使后代在形态、体质乃至性格、智力、功能等方面和亲代相似，而且还把亲代的许多隐性或显性的疾病传给了后代。现代医学研究发现，遗传病有两三千种之多。遗传病不仅种类多，而且发病率高，对于遗传病，可用一些治疗方法来纠正和缓解。但至今还没有有效的根治方法。遗传病不仅影响终身终生，而且是重大的社会问题。现在世界上许多国家大力发展康复医学，遗传残疾人是重要的康复对象。对于遗传病，最重要的还是预防，如提倡科学婚姻，用法治来控制近亲结婚。

2. 心理性因素

心理因素和身心健康的关系可以从以下三个方面来分析：第一，消极的心理因素能引起许多疾病。现代医学心理学的研究表明，许多疾病的发生、发展和心理因素有关，如心血管病、高血压、肿瘤等。大量的临床实践也证明，消极的情绪（如悲伤、恐惧、紧张、愤怒、焦虑等）能引起各器官系统的功能失调，导致失眠、心动过速、血压升高、尿急、月经失调等症状。第二，积极的心理状态是保持和增进健康的必要条件。心理是对客观的反应，积极的、乐观的、向上的情绪状态是人适应环境的良好表现。心理变化会引起一系列的生理变化。消极的心理状态会使各器官系统功能失调；积极的情绪状态则会保证各器官系统功能的协调和稳定，使器官系统生理功能提高，从而提高人体的免疫能力。第三，心理因素在治疗中的作用。心理因素在治疗中的作用主要表现在两个方面：一方面是在疾病治

疗中要打消顾虑，树立和疾病作斗争的坚定信念，积极与医护人员配合，以保证治疗效果；另一方面是对由心理因素、情绪因素引发的疾病要坚持"心理治疗"，即消除致病的消极心理因素。

3. 环境性因素

随着医学模式和疾病谱的演变，环境对人体健康的影响越来越突出。深入了解环境，认识环境与人体健康的关系，自觉地保护环境，是开展健康教育的基础。影响人体健康的环境可分为自然环境与社会环境。

（1）自然环境

人类与自然环境之间有着极为密切的关系。自然环境提供人类生存和发展的条件，同时，人类的生活和生产活动还通过不断改造环境，创造有利于自身生存和发展的环境条件。另外，人类在改造环境的过程中，又不断把大量的废弃物带给了环境，造成环境的污染，对人体健康产生不良影响，甚至危及生命。研究表明，影响人体健康的自然环境因素大致可分为三类：化学因素、物理因素和生物因素。

（2）社会环境

社会环境是人类在自然环境基础上，有目的、有计划地创造而成的人工环境。人工环境是人类物质文明和精神文明发展的标志。社会环境包括社会经济、社会交往、文化教育、政治制度、社会道德等因素，其中社会经济因素起决定作用。良好的社会环境可以促进健康，反之则会危害健康或导致疾病。

4. 行为与生活方式对健康的影响

不良的行为和生活方式给健康带来不利影响。现代社会生活方式的多样性，行为方式的个性自由特征，使个人的行为和生活方式对健康的影响不断增加。20世纪70年代，美国对10种主要死因与影响健康因素之间的关系进行调查，发现由于行为和生活方式的因素直接造成死亡的占48.9%。美国著名保健学家培洛克对几千名成人进行了35年的跟踪，证明有6种良好生活习惯者的寿命比其他人高，这6种良好的生活习惯为：每日三餐定时，不吃零食；每周进行三次适当的体育锻炼；每晚保证7～8小时睡眠；不吸烟；不酗酒；保持正常体重。由此可见，人的行为习惯对人体健康具有重要作用。

5. 社会保健制度对健康的影响

保健是包括对疾病患者进行治疗在内的康复训练、筛查疾病、促进健康、预防疾病、预防伤残以及健康教育等一系列的措施。显然，健全的社会保障制度是维护和促进健康的重要保障。

社会保健制度涉及各个方面，而其中最重要的是建立和健全初级卫生保健制度，正如1978年世界卫生组织在《阿拉木图宣言》中所提出的，"初级卫生保健"是实现"2000年人人享有卫生保健"战略目标的关键。初级卫生保健是最基本的卫生保健制度，它的特点是能针对本区域人群中存在的主要卫生问题，相应地提供增进健康、预防疾病、治疗伤病以及促进身心健康等方面的卫生服务。例如，开展针对性的健康教育，提供安全饮用水和基本卫生设施，改善食品供应及合理营养，开展妇幼保健和计划生育、地方病的预防和控制、常见病和外伤妥善处理、主要传染病的免疫接种、提供基本药物等。

二、高校学生生理与心理的特征

（一）高校学生的生理特征

1. 外在身体形态特征

这一阶段的大学生生长发育步入青春发育后期和青年前期，是生长发育的第二次高峰期。由于性激素的作用，肌纤维变粗并向横向发展。随着骨骼增长和肌肉增重，身高和体型都发生了明显的变化。与此同时，体内增添了大量的新鲜血液和营养，又促使身体各器官及生理功能迅速发展，促进了身体内部机能的进一步健全。同化作用和异化作用基本平衡，有机体处于比较稳定的阶段，身体各器官系统的生长发育逐渐完善。这一阶段是人一生中生命力最旺盛的时期。青年身体的发展促使他们内心深处萌发一种强烈的自我意识，意识到"自我"的存在，产生强烈的"成人感"，这是青年心理特征产生的重要的生理基础。

2. 内在身体机能特征

（1）神经系统

大学生阶段人体神经系统的兴奋与抑制过程趋于均衡，分析与综合能

力明显加强，人体第二信号系统高度发达，抽象思维能力提高，第一信号和第二信号系统的协调程度接近人体最高水平，使人体的高级神经系统的功能达到最佳状态，表现为注意力集中、观察力强，记忆力好，想象力丰富及创造性思维的能力迅速提高。因此，大学阶段是接受教育的最佳时机，是人生发展中的重要时期。

（2）心血管系统

心血管系统的发育是人体发育成熟最晚完成的系统。无论是在形态还是技能方面，大学阶段学生的心血管系统发育已经接近成人水平，心肌纤维逐步增粗，收缩力加强，脉搏输出量增加，心率逐渐减慢，血管壁弹性好。这些为人体进行大强度、长时间运动提供了生理保证。

（3）运动系统

大学阶段，随着年龄的增长，骨骼中水分减少，无机盐增多，逐渐进入骨化过程，骨密度增厚，骨骼更为粗壮和坚固，能承受较大的压力。由于激素的作用，肌纤维增粗，肌肉的横断面明显增强，肌肉发达，肌力增大。20～25岁，人的骨骼发育完成，30岁左右肌肉发育完成。

（4）呼吸系统

在大学阶段，随着生理功能的成熟，呼吸系统也有相应的增强和改善。这一表现包括胸廓的增大，接近个体最大值，肺组织结构和功能的进一步完善，从而提高了换气效率。此外，呼吸肌得到增强，呼吸深度增加，呼吸频率减慢，使得肺活量和最大吸氧量都达到了成年人的水平。

3. 身体素质特征

身体素质是指人体在完成动作过程中所表现出的力量、速度、耐力、灵敏、柔韧等机能。身体素质水平的高低建立在身体结构、生理机能和健康水平的基础上。大学生的各项身体素质的增长速度明显减慢，耐力素质、速度素质、爆发力等均达到极高水平，并且存在明显的性别差异。男生的力量、耐力等素质优于女生，女生的柔韧性与协调性优于男生。女生重心比男生低，平衡能力优于男生，在体育运动中还能承受长时间、大强度的练习。大学生若在大学阶段注意坚持基本素质的训练，则其高水平可保持较长时间。

4. 运动能力特征

大学生身体形态发展处在青春发育后期到基本成熟期之间，发展速度虽然较慢，但骨骼肌肉正处在重要的发育时期，加强肌肉力量、协调、灵敏等练习，通过科学合理的体育活动，同样能使身体形态得到很好的改善。心血管系统和呼吸系统发育过程比较长，要重视心肺功能的锻炼，加强耐力训练，提高心肺功能。因此，参加力所能及的体育活动，有利于逐步提高大学生的运动能力。

5. 第二性征

大学生的第二性征已经趋向成熟。男性表现为体型健壮，肩部增宽，喉结突出，声音低沉，体毛增多，长胡须，肌肉变得结实有力。女性表现为身材窈窕，乳房隆起，声调变高，肢体柔软而丰满，骨盆增宽，臀部变大，皮下脂肪量缓慢增长。第二性特征的出现与性腺发育、分泌性激素密切相关。

（二）高校学生的心理特征

大学生生理的迅速生长发育必然带来心理特征的明显变化，这一变化称为"心理断乳期"。大学阶段是一个从依赖性到独立性、从幼稚到成熟、从被动到主动的心理活动复杂而多变的时期。这一时期大学生的心理特点是心理过程日趋成熟，个性心理特征得到进一步发展，心理机制、心理结构逐步完善提高，心理承受能力不断增强。

1. 具有独立的认知能力

大学时期的心理能力有诸多反映：在认识客观事物的敏感性、广泛性、深刻性和正确性上，表现在观察力周密、集中、持久而概括；记忆中理解记忆、效果记忆发挥了重要作用，意义记忆上升到主要地位；想象力丰富，富有幻想，憧憬未来，而且往往能与个人的兴趣、爱好、职业追求结合起来；抽象逻辑思维形成，标志着智力发展的成熟。大学生思维批判性与思维独立性明显加强，在思考问题和与别人争论问题时，他们不满足于固有的思维轨迹和现成的结论，敢于提出问题。

2. 情绪的多样化

大学生的情绪体验往往来得迅速且强烈，具有冲动性和爆发性。这种激情既能使他们变得热情奔放、充满豪情、勇往直前，又可能导致感情冲动、缺乏理智，甚至表现出盲目和狂妄的行为。大学生的这种动荡多变、

不够稳定的情绪，往往使振作与消沉、热情与冷漠、开放与闭锁的双重心理同时反映在个体身上，表现出曲折、多变的心理特征。随着大学生个体理性认识的提高和社会实践经验的丰富，正义感、理智感、道德感、友谊感、审美感等社会性情感得到进一步发展，这为他们形成正确的道德观、人生观、世界观打下了良好的基础。

3. 自制力水平高

大学生意志行动的目的性是比较明确而自觉的。一般来说，动机原则性与奋斗目标是相一致的。因此，大学生在采取意志行动时具有强烈的主动性，力争达到动机与效果的统一。大学生在执行意志行动的决定中通常持有相对稳定的态度，展现出坚持到底、克服困难的勇气和毅力。但是，大学生的意志行动动机的选择是相当复杂的，并且是不易显露的。他们相对缺乏判断、辨别能力，在选择意志行动动机时，有时由于境界不高，而使其失去进步的社会意义，甚至会产生与社会稳定和社会发展相背离的行为。同时，大学生坚强的意志培养有一个磨炼过程，由于缺乏坚韧性和自制力，遇难改向、知难而退、半途而废的现象也时有发生。

4. 自我意识较强

大学生的自我意识达到较高的水平，独立性明显增强，积极关心自己的个性成长，有较强的自尊心等。但是大学生在自我意识的发展中矛盾较多，如独立性与依赖性的矛盾。一方面，大学生的成人感和独立性明显增强，他们除了在经济上大多未能独立外，其余方面已经取得了相当独立的地位，大多数人希望以一个"成人"的角色进入社会，表现出强烈的独立欲望，渴望得到社会的尊重和信任。而另一方面，中学时期为了在激烈的高考中取胜，几乎是全身心地投入学习，父母、教师过分保护的养育态度、封闭式的教育环境、单纯的生活经历，又使他们的心理非常脆弱，对挫折的耐受力和排解力很差。他们的独立生活能力较差，依赖性较强，这种渴望独立与依赖性的矛盾会造成他们内心的冲突，从而出现不良的情绪体验。大学生自我意识发展中的矛盾，使得青春期的情绪不稳定现象加剧。

大学时期，个体的自我意识发展进入新的阶段。随着语言的磨炼和思维的发展、社会交往的扩大、人际关系的深化、社会地位的提高和文化知识的丰富，大学生的独立意识明显增强，自我实现、自我提高、自我完善的愿望日益强烈。大学生自我意识的增强，集中表现在对自我认知兴趣的增长上。他们热衷于发现自我、了解自我，充分认识自我的社会价值。同时，他们不断完善自我，以独立的人格取得社会的认可。他们时时处处希望显示自己是生活的强者，表现出一种强烈的自尊心、自信心和进取心。但是，他们的心理承受能力往往较弱，心理平衡的控制能力较差，在前进道路上，一旦遇上风险和挫折，这种自尊心又极易变成自卑感，甚至自暴自弃，丧失自信心和生活的勇气。这也充分反映出他们的心理素质还不很成熟，尚需不断地提高其心理承受能力和应变能力。

5. 高校学生人际关系的多样化

对于众多大学生来说，大学生活可能是学生时代的最后一站。如何在新的生活环境中建立新的人际关系也是当代大学生面临的重要问题，许多学生常常被纷繁复杂的人际关系所困扰，为不善于交往带来的后果产生莫名其妙的苦恼。

大学生人际交往的目的主要分为以下几个方面：与同性朋友交往的目的主要是利己和互利；与异性交往的目的比较复杂，有利己、利他和互利等。

当然，在人际交往中，许多学生也会出现这样那样的问题，一些同学无法适应从以前受人注意到现在的不起眼的心理落差，遭到同学的反感而处理不好人际关系。另外，由于大学生来自五湖四海，各自的生活习惯、思想观念有所不同，一些学生不去主动适应新的环境，导致无法接受别的同学的生活习惯，对别人横加指责，不经意间伤害了别人的感情和利益，导致人际关系的紧张。

三、户外运动对高校学生身心发展的积极作用

（一）户外运动对高校学生身体健康的促进作用

1. 户外运动能够提高学生的运动系统

运动系统的主要功能是使人体运动。它由骨骼、骨连节（关节）和肌肉三部分组成，在神经系统的支配下，肌肉收缩牵动骨骼产生各种运动，这种运动是以骨骼为杠杆、关节为枢纽、肌肉为动力来实现的。户外运动

对骨骼肌及骨骼的形态结构有良好的作用，具体表现在以下两个方面：

（1）户外运动对骨骼肌形态结构的影响

① 肌肉体积增大。户外运动中力量练习可使肌纤维最大限度地增粗。

② 肌纤维中线粒体增多，体积增大。

③ 肌肉中脂肪减少。在活动不多的情况下，骨骼肌表面和肌纤维之间有脂肪堆积，影响肌肉的收缩效率，通过户外运动，特别是耐力项目，可以减少肌肉的脂肪，提高肌肉的收缩效率。

④ 肌肉内结缔组织增多，使肌腱和韧带中的细胞增殖而变得结实粗大，从而抗拉断能力增强。

⑤ 肌肉内的化学成分发生变化，如肌肉中肌糖原、肌球蛋白、水分等都会增加。物质的增多提高了肌肉的收缩能力，能够及时供给肌肉能量。

⑥ 肌肉中毛细血管增多，体力运动可使肌肉毛细血管数量和形态都有所改变，提高肌肉的工作能力。

（2）户外运动对骨形态结构的影响

长期坚持户外锻炼，可使骨密质增厚、骨变粗、骨小梁排列更加整齐、有规律，使骨骼变得更加粗壮和坚固，在抗折、抗弯、抗压缩和抗扭转方面的性能都有所提高。

户外运动的项目不同，对各部分骨骼的影响也不同。经常从事下肢活动的跑跳运动，对下肢骨骼的影响较大；而经常从事攀岩等项目，对上肢和下肢的骨骼影响较大。户外锻炼可以使关节面骨密质增厚，从而能承受更大的负荷；增强关节周围的肌肉力量，使肌腱和韧带增粗，关节面软骨增厚，加大关节的稳固性，增加关节的运动幅度。在运动停止后，骨骼所获得的变化慢慢消失，因此，户外锻炼应经常化，项目要多样化。

2. 户外运动能够改善学生的心血管系统

人体细胞的生存并发挥作用，需要足够的营养物质来供应，同时，在细胞代谢中所产生的代谢产物能够被及时地运出体外，这一切均依赖于心血管系统的完成。心血管系统是由心脏、动脉、毛细血管和静脉血管组成的密封管道。心脏是血液循环的动力，血管主要充当血液运输的管道系统，血液充当运输的载体。在心脏"泵"的推动作用下，血液沿着血管周而复始地运行，将细胞所需物质带来，运走代谢产物。由此可见，血液循环系统对于生命有非常重要的意义。

（1）户外运动对心脏功能的影响

① 心脏增大。一般人心脏重量约 300 克，运动员可达 400～500 克，心肌纤维较粗，内含蛋白质增多。心肌毛细血管口径变大，数量增多，供血量相应加大，为适应运动，心脏功能性增大。

② 心脏的容量和每搏输出量增加。一般人的心脏容量约为 765～785 毫升，而运动员可达 1 015～1 027 毫升，由于心脏肌纤维变粗，心壁增厚，收缩力增强，故每搏动一次输出量也明显增加，一般人安静时为 50～70 毫升，而运动员可达 130～140 毫升，同时也提高了心脏的储备力量。例如，心脏在安静状态下，脉搏的频率较低，一般活动时升高不多，紧张剧烈活动时则升高明显，但停止运动后又能很快地恢复到安静状态。

（2）户外运动对血管的影响

① 可以使动脉管壁的中膜增厚，弹性纤维增多，使血管的运血功能加强。

② 改善毛细血管在器官内的分布和数量。例如，骨骼肌肉的毛细血管增多、口径变大、行程迂曲、分支吻合丰富。故可以改善器官的血液供应，从而增强器官的活动功能。

3. 户外运动能够改善学生的呼吸系统

（1）增强呼吸肌力，提高呼吸功能，增加肺通气量

运动时，由于运动肌肉对能量的需求剧增，机体对氧气的需求也相应显著增加，即需氧量与运动强度、运动时间成正比。而机体为了尽力满足肌肉运动的氧需求，会充分开发呼吸肌的潜力，使之发挥最大功能，力争吸入尽可能多的氧气。久而久之，呼吸肌将得到更好的锻炼。

（2）提高胸廓顺应性，增加呼吸肌活动幅度，增大肺容量

① 肺活量是指在全力吸气后尽力呼气时的最大气量。它是反映通气机能，尤其是通气容量最重要的指标之一，与呼吸肌力量、胸廓弹性等因素直接有关。成年男子肺活量正常值为 3 000～4 000 毫升，女子 2 500～3 500 毫升，户外运动者尤其是从事耐力运动的人肺活量会明显增加。

② 增大通气量是指单位时间内尽可能地呼吸时进出肺的气量，一般认为每分钟 180 升左右，这是衡量通气功能最重要的指标之一。训练者的呼

吸肌力量大，肺容量大，所以，呼吸深度较大，而且，由于呼吸肌力量及耐力较好，所以呼吸频率也高，故有训练者最大通气量明显高于常人，可达每分钟 250～300 升。

4. 户外运动能够锻炼学生的神经系统

（1）促进神经系统的发育

美国一研究机构对小鼠的研究结果表明，生命初期进行体力活动会促进大脑控制四肢肌肉活动的运动中枢的发育。研究人员把两窝小鼠在断奶后分成两组，一组在一个小笼子里，除食物和喝水外，没有其他活动余地。另一组放在大笼子里，内装各种活动设备，可以跑步、游泳、走绷索和每天在小车轮上跑 10 分钟。7 天后，研究人员发现活动少的老鼠的大脑重量减轻了 3%，大脑皮质薄了约 10%。有意思的是，活动多的小鼠的大脑皮质细胞比活动少的小鼠长得更大，分枝也更多一些。这表明活动多的小鼠的大脑可以处理更多的运动信息，人们由此推论，人类在婴儿时期进行适当的运动，有助于大脑发育和提早学会走路。科学实验也证明，加强婴儿右手的屈伸训练，可加速大脑左半球语言区的成熟；加强左手的屈伸训练，则可加速大脑右半球语言区的成熟。科学家还发现，一个以右手劳动为主的成年人，其大脑左半球的语言机能占优势，体积也是左侧比右侧大。这些科学实验表明，身体锻炼对神经系统的发育和完善有非常重要的意义。

（2）提高神经系统的灵活性

户外运动丰富了神经细胞突触中传递神经冲动的介质，并在传递神经冲动时引起较多介质的释放，缩短神经冲动在突触延搁的时间，加快突触的传递过程，从而提高神经的灵活性。例如，定向越野跑起跑时，训练有素的户外运动者听到发令信号时，起跑反应非常快。

（3）改善和提高中枢神经系统的工作能力，使人头脑清醒，思维敏捷

大脑是人体的最高指挥部，人体一切活动的指令，都是由大脑发出的。大脑的重量虽然只占人体的 2%，但是它需要的氧气却要由心脏总流出血量的 20% 来供应，比肌肉工作时所需血液多 15～20 倍。

然而，脑力劳动者长时间伏案工作，机能活动的特点是呼吸浅，血液循环慢，新陈代谢低下，腹腔器官及下肢部血液停滞。长时间进行脑力劳动使人头昏脑涨，就是由于大脑供血不足、缺氧所致。

进行户外运动，可以改善大脑供血、供氧情况，可以促使大脑皮层兴奋性增加，抑制加深，兴奋和抑制更加集中，神经过程的均衡性和灵活性加强，对体外刺激的反应更加迅速、准确，大脑分析、综合能力加强，整个有机体的工作能力提高。

5. 户外运动能够发展学生的免疫机能

（1）改善免疫机能

免疫机能是体质的代表性指标。运动能够增强体质，不仅指身体运动能力的提高，还包含免疫机能的增强，因此，人类才能抵抗与适应不断恶劣的外界环境。运动有益于健康已成为人们的共识，研究发现，经常参加户外运动可以增强抵抗力，降低心血管疾病的风险并提高生命的质量。科学的户外运动锻炼，可使机体在受到刺激后，免疫功能为维持机体内环境稳定而动员速度快。因此，户外运动可使免疫调节因素得到明显改善。

（2）提高机体对外界环境的适应能力

适应能力是指人体在适应外界环境中所表现的机体能力。它包括对外界环境的适应能力和对疾病的抵抗力。长期在各种气候和环境，如严寒酷暑、风雨霜雪或空气稀薄等条件下进行户外锻炼，能改善机体体温调节的机能及机体适应外界环境的能力。

6. 户外运动能够预防各类疾病

每个人都要经历从出生、生长发育、衰老、死亡这个过程，这是生命的规律，任何人都无法违抗这种生命规律，但是一个人体质的好坏，衰老的快慢却是可以控制的。

实践证明、人体的发展变化可以向不同的方向发展。在有利的条件下（生活方式科学、合理）可以推迟衰老、健康长寿；在不利的条件下，人的体质削弱较快，甚至未老先衰。人的寿命是随着人类的进化和社会进步不断延长的，根据科学的推测，人类的寿命应该是 100 岁以上，我国古代的医书《内经》就有"尽终天年，度百岁乃去"的说法。人类普遍未达到"尽终天年"便去世了，真正属于"衰老"或"脏器萎缩"而去世的仅有 0.3%，绝大多数是各种社会因素或疾病造成的。

户外锻炼还可延缓神经系统的衰老过程。经过长期的户外锻炼，可提高神经系统对兴奋与抑制的调节能力，身体锻炼还通过肌肉活动来调节大

脑皮层功能，减缓脑动脉硬化过程，保持正常的脑血液循环，使脑动脉中的氧气含量升高，改善脑细胞氧气和营养供应，延缓中枢神经细胞的衰老过程，提高中枢神经的工作能力。美国斯坦福大学医疗中心的专家对身体锻炼的调查发现，身体锻炼可以使人在年龄较大的时候保持头脑清醒，思维敏捷。在调查了 32 名 24～59 岁的户外锻炼者和非锻炼者后发现，经常从事锻炼的人，脑迟钝的趋向并不明显，因此得出结论，户外锻炼可以防止随着衰老而出现的大脑思维迟钝现象。

总之，户外运动的健身功能已得到了科学的证明。经常参加运动能使大学生体形健康，姿态矫健，精力旺盛。

（二）户外运动对高校学生心理健康的促进作用

人的感觉、知觉、记忆、思维、情感、执行能力和认知能力等心理过程以及个性心理特征可以受到户外锻炼的积极影响。

1. 户外运动能够提高学生的智力水平

现代心理学对智力尚没有一致的定义。有的人认为智力是对新环境的适应能力，也有人认为智力就是学习能力，还有人认为智力是处理复杂的抽象事实的能力。一般来讲，可将智力理解为是以思维能力为核心，包括观察力、记忆力、想象力等认知能力的总和。智力是遗传素质与后天教育、环境影响以及个人努力相结合的产物。户外运动对人智力所起的作用可分为对智力的短期效应和长期效应两个方面。

（1）户外运动能够促进学生智力水平的短期发展

人的智力水平可以从记忆、思维、想象、判断等心理过程的能力表现出来。形成这些心理过程的物质基础是人的大脑。大脑良好而适宜的工作条件表现为以下两个方面。

① 充足的血液供应。在血液循环中，供给脑部的血液量占心脏排出量的 1/4，耗氧量占全身的 1/5。大脑比心脏所处的水平位置高，因而大脑所需要的血液完全靠心脏"泵"上去是不可能的了。这样一来，若全身长时间处于安静状态是很不利于大脑工作的。国外的一项实验证明，学生在上午第二节课后进行 30 秒的户外活动性游戏，第三、四节的智力能力可提高2～3 倍。

② 脑处于适应的兴奋状态。智力活动是由许多不同的神经元群参与完成的各种活动，除了满足大脑的消耗补充外，还必须让它处于适当的兴奋状态。

户外运动可以调节和延长这种状态。一般来讲，智力活动造成的疲劳比体力活动更深、更难以消除，恢复过程也长得多。户外运动时，运动中枢的兴奋能较好地抑制其他中枢的活动，使其得到较好的休息。户外运动造成的适度疲劳可改善智力活动后的睡眠，医治神经衰弱症的作用十分明显。

（2）户外运动能够促进学生智力水平的长期发展

户外运动对人的智力影响，远不止对大脑起调节和积极性休息的作用，它对智力长期持续开发具有更重要价值。大学时期，各种户外活动对扩大智力容量（增加脑细胞和提高脑细胞的工作强度）、达到较高的智商水准是很有益的，同时，对智力活动的强度、灵活性、准确性和持续性都能起到良好的作用。

2. 户外运动能够保持学生精神、情绪的稳定

（1）户外运动可使人心理保持适宜的紧张度

人体各器官系统根据内环境的变化，总需要保持适度的紧张或放松度，过度紧张将对神经系统、运动器官、内分泌系统，特别是心血管系统的危害极大。

因此，参加户外运动对神经系统、心血管系统的锻炼可以提高人体对快节奏生活的应变力和耐受力，身体锻炼，如消遣娱乐更可以克服人们对快节奏生活的抵触、恐惧、厌烦和急躁的心理障碍，增强在快节奏生活中的自信心。

（2）户外运动可以降低疾病的发生概率

现代身心医学证明，人体的某些疾病主要是由心理的不健康而引发的。可称之为身心疾病的有：支气管哮喘、消化性溃疡、原发性高血压、甲状腺功能亢进、神经性皮炎、类风湿性关节炎等。

人在参加运动时，有机体产生各种生理变化的同时，也产生了心理变化，这对理智感、道德感、美感都有重要的作用，同时对意志品质和性格都将产生良好的影响。经常从事户外锻炼的人，身心疾病的发病率大大低

于不坚持锻炼的人。户外锻炼在人的生理健康和心理健康方面起着重要的调节作用。它既可通过改善体质状况调整人的心理健康水平，又能通过改善心理状态提高人的身体健康水平。所以说，户外锻炼是促进身心健康的有力手段。

总之，户外锻炼在人一生的社会化过程中起着重要的作用，而这种作用又是其他活动不能替代的。因此，人们应该自觉地运用身体锻炼这种手段，推动个体在家庭、学校、社会中的社会化过程，使个体能更好地适应社会的需要，进而促进社会协调发展。

3. 户外运动能够提升学生的自我良好感

心理自我良好感，也称"感觉良好现象"，是心理健康的重要标志之一。它是指与积极参加身体锻炼有关的某种兴奋、自信和自尊的情绪和态度体验，并且没有消极情绪。

研究表明，心理自我良好感与运动呈正相关，积极参加户外运动者比不参与者的自我感受和评价积极，其中，女子较男子程度更高。产生这种正相关的原因是户外运动者发自内心地产生了愉快乐趣，而女子较男子更富有感情色彩，更具有自我投入的倾向。一般体能强的人比体能弱的人倾向于具有更高水平的自我概念和更多的身体概念、肌肉力量与身体自尊，情绪稳定性、外向性格和自信心呈正相关，因此，更积极的自尊心、更高水平的身体概念和自我概念与高水平的体能状况相关。

4. 户外运动能够促进学生意志品质的形成

意志品质是指一个人的自觉性、果断性、坚韧性和自制力，以及勇敢顽强和独立主动的精神，它是个人行为特点的稳定因素的总和。户外运动的参与者通过积极投入激烈的对抗环境之中，不断克服气候条件的变化、动作的难度或外部障碍等困难和主观的畏惧心理、疲劳和运动损伤等困难，提高协调能力、应变能力、果断毅力等，保障在顺境中头脑清醒，逆境中奋发图强、不断进取。户外锻炼的任务越艰巨，对个体的意志锻炼的作用越大，心理承受能力越能得到加强，也就越能够适应复杂的社会环境。

5. 户外运动有助于形成良好的人际关系

现代社会快节奏的生活方式，使人们越来越趋向封闭的状态，造成了人与人之间感情交流缺乏，人际关系疏远。户外活动使人与人之间产生亲近感，特别是在竞争中，不同职业、年龄、性别、文化素质的人相聚在户外，个人之间、集体之间的相互交流和协作更加频繁。

　　户外运动具有凝聚力，可以加强集体之间的团结。在活动中，参与者不论相识与否，都可以找到相互交流的手段，一个手势、一套动作，都可以使人们的团结、合作的愿望在运动中很快得到满足。户外活动能结识很多朋友，大家和谐相处、友爱互助，这会使参与者心情舒畅、精神振奋。

第二章　户外运动基础体能与心理训练

本章为户外运动基础体能与心理训练，主要从三个方面进行介绍，分别是体能训练与心理训练概述、户外体能训练、户外心理训练，详细论述了户外运动的体能训练、速度训练耐力训练等。

第一节　体能训练与心理训练概述

户外运动对运动者的体能素质和心理素质均有较高的要求，大自然中诸多不确定性因素的干扰使得整个户外运动过程中都充满了运动障碍与心理挑战，如果青少年学生群体在参与户外运动期间不具备相应的运动体能和运动心理，则会很难适应户外运动具体的运动环境、运动负荷、运动团队协作，运动者也就很难完成户外运动的任务，不能真正体验到户外运动所带来的乐趣。良好的户外运动体能与心理训练是必要的，能为青少年学生群体科学参与户外运动、享受户外运动快乐奠定良好的基础。本章重点对户外运动的基础体能与心理训练相关理论知识与具体训练内容和方法进行了系统阐释，旨在以科学指导青少年学生群体加强自我身心训练，使之更好地适应户外运动。

一、体能训练

（一）体能训练的定义

体能训练是近些年来体育界研究的一个重点，国内外学者对体能训练的概念认知与描述具有多样化的特点。

国外一些专家认为，体能训练应包括三个方面内容，提高运动员的专项体能训练水平也应从这三方面入手，即训练（Training），在运动生理、运动生化和医学等有关原理的指导下提高机体对训练和比赛负荷适应能力的训练；指导（Coaching），运用生物力学和专项理论知识所进行的技术、战术训练；条件（Conditioning），应用心理学、营养学和管理学等原理使运动员处于最佳竞技状态。

我国学者普遍认为，体能训练是"使各生理系统机能、机体的代谢水平得到不断提高，改善身体形态，增强运动素质和健康素质，使运动员的肌体适应训练和比赛负荷的身体训练"。

综合以上描述，体能训练具有以下三个方面的基本含义。

（1）体能训练是结合运动专项的合理负荷的动作练习。

（2）体能训练的目的是改善身体形态，提高机体机能，增强运动素质。

（3）运动员的体能训练的最终目的是提高运动成绩，防止伤病，延长运动寿命。

（二）体能训练的素质结构

1. 力量素质

力量素质是人体最基本的体能素质，是人体肌肉系统工作时克服或对抗阻力的能力，是人们完成动作的动力来源。力量素质是人体活动的重要基础，人体的一切生理活动都离不开力量素质。

2. 速度素质

速度素质是机体实现快速运动的基础，速度素质具体是指人体（或身体的某部位）进行快速运动的能力，是人体或人体某一部位快速作出运动反应、快速完成动作、快速移动的能力，据此，可将速度素质分为以下几类。

（1）反应速度：人体对各种刺激的快速应答。

（2）动作速度：机体（或某个部分）快速完成动作。

（3）位移速度：单位时间内机体移动的距离。

3. 耐力素质

耐力素质是机体持续不断坚持活动和运动的能力，具体是指个体克服

工作过程中所产生疲劳的能力，是个体健康水平或体质强弱的重要判断标准。对于个体来说，良好的耐力素质能确保机体持续参与身体活动。

4. 柔韧素质

柔韧素质，也称柔韧适能，是指人体在运动安全的前提下，完成动作的最大活动幅度、最大活动范围的肌肉骨骼系统特征。柔韧素质是构成人体体能素质的重要素质内容，柔韧素质对于人体的一般生理活动并无太大影响，但是对于运动员来说，其多种技术动作的完成需要肢体、关节、肌肉、韧带等的伸展才能准确配合完成，因此，如果运动员缺乏柔韧性，就可能在运动过程中诱发技术动作错误而导致运动损伤，严重得可危及生命。

5. 灵敏素质

灵敏素质是机体迅速、准确和协调完成动作的能力，它是一种典型的复合型素质。柔韧素质是人经过视觉感受在大脑皮层神经过程的转换，使已经形成的各种动作动力定型适应运动突变的能力。

根据柔韧素质与运动专项的关系，可以将柔韧素质分为以下两种。

（1）一般灵敏素质：日常生活和活动中所表现出来的各种应变能力。

（2）专项灵敏素质：运动中与运动技能紧密相关的应变能力。

（三）户外运动体能训练的作用

青少年学生群体参与户外运动，复杂的自然运动环境要比专业室内运动场馆对青少年学生的身体素质要求更高。良好的体能训练可有效防止户外运动参与过程中的运动伤病，并可促进青少年学生高效完成户外运动项目任务。

不同运动素质的体能训练均对青少年学生群体科学参与户外运动具有重要意义。

（1）在户外运动中，运动者的各种基本生理活动动作、运动技术动作等的完成，都需要运动者具有良好的力量素质。

（2）速度素质在户外运动中对运动者的良好运动表现具有重要的影响，很多户外运动项目都强调运动的速度，如山地自行车、穿越、滑冰、滑雪等，还有一些户外运动项目中一些技术动作的完成对机体的速度素质都有不同要求。速度素质训练可为运动者参与户外运动奠定良好的素质基础，能促进运动者提高对机体的运动控制和调动能力、提高完成户外运动任务的效率。

（3）户外运动对运动者的耐力素质也有较高的要求，户外运动有时可持续开展数日，如果青少年学生运动员不具有良好的耐力素质则很有可能无法坚持完成整个户外运动过程，也可能无法很好地克服在户外运动过程中由于身体活动和肌肉活动而引起的体力上的疲劳，可能导致户外运动中的体力不支，甚至引发意外运动事故。

（4）户外运动是综合性的运动，对运动者的身体各方面的柔韧素质均具有较高的要求，如果运动者的柔韧素质欠佳，则很可能在完成具有较高的肢体技术要求的动作的过程中，由于技术动作的不到位而影响动作的完成，一些户外运动项目，如攀岩，对运动者的柔韧性是有一定的专业要求的，因此，青少年学生群体参与户外运动，应注意柔韧素质的锻炼与提高。

（5）灵敏素质是一项综合性的运动素质，其受到运动技能、运动感觉和各种身体素质的综合影响。

二、心理训练

（一）心理训练的定义

心理训练，指有意识、有目的地采用一定的方法和手段，培养、发展运动员在从事专项运动活动时所必须具备的各种心理素质和心理品质的一种教育过程。

对运动者进行系统、科学的心理训练，旨在发展、提高运动者达到最高运动水平时所必须具备的各种心理品质，排除在训练、比赛过程中阻碍自己发挥运动水平的各种不良心理状态和消极的心理因素，确保最佳竞技水平的发挥。

在许多体育运动中，心理素质往往成为决定训练成效、比赛胜负的主要因素。因此，心理训练非常重要。

（二）运动心理的素质结构

1. 动机

动机是推动个体从事各种运动的心理及内部动力，能引起并维持人的

活动。动机是个体的内在过程，行为是动机的结果。

2. 认知

个体/群体认知具有以下客观规律。

（1）人的认知能力是与生俱来的，同时，也受到外部环境、心理等多种因素影响。

（2）人的认知是不可逆转的递进过程，必须由表及里、由外及内、由浅入深。

（3）人的认知受年龄因素影响，同一年龄阶段的人可表现出认知统一性，但也表现出个体差异性。

人的认知能力和运动能力是相互影响的。一方面，科学、系统的运动参与可提高个人智力水平，提高个人的记忆、注意、思维、反应等能力，从而加快、加深个人对事物的认知；另一方面，认知的提高对个体的运动参与具有促进作用，可使运动者更加清楚地理解训练原理、运动规律、技术特点、动作方法等，可优化运动效果。

3. 情绪

情绪是影响人体心理活动的重要心理因素，良好的情绪可以起到"增力"作用，能促进人体运动能力的提高，使人积极主动、坚韧不拔、持之以恒；不良的情绪起着"减力"作用，可使人精神不振、心灰意冷、注意力不集中等。

4. 注意力

注意力是个体心理活动对一定对象的选择性指向和集中，注意力是个体运动能力的重要组成内容，更是优秀运动员必须具备的心理能力。

运动与注意可相互影响，首先，长期科学地参与运动训练，能改善运动者身体素质，使大脑细胞之间联系更紧密，可增强个体注意力；其次，注意力的集中有助于运动者更快、更准确地完成技术动作，并避免失误。

5. 意志力

意志与行动之间具有密切的关系，它是人为了实现既定目标而支配自己的行动，并且在行动时自觉克服困难的一个心理过程。

科学参与体能训练能使运动者拥有坚强的意志品质，可促进运动者坚持完成训练任务、提高身体素质水平。

运动实践表明，通过科学安排运动训练，可以有效提高个人的意志力，对于任何运动项目的参与者来说，都不可能实现无基础地完成高难度技术动作、运动训练任务，都必须经历一个艰苦的训练过程。在整个训练过程中，运动者需要长期参与内容枯燥的运动，重复同样的运动内容、动作技术，需要克服各方面的困难，训练贵在坚持，运动者坚持训练的过程，也是运动素质、意志品质提高的过程。

6. 心理定向

心理定向是指动作开始以前以及完成动作过程中心理的准备状态和注意的指向性。心理定向对于运动员掌握和提高技术动作非常重要，可带来运动者诸多积极的综合反应，并且促进心理活动的调整。

（三）个体个性心理结构方面的特征

1. 性格

性格，是指个人对现实的稳定的态度和习惯化的行为方式，是个体个性的一个重要方面，对个体参与训练有重要影响。具体表现在以下两个方面。

（1）性格是现实社会关系在人脑中的反映。了解运动者的不同性格，对于合理安排训练内容、节奏、方法等有重要的指导作用。

（2）性格一旦形成虽然会相对稳定，但仍具有可塑性。

2. 气质

气质是人的心理活动的稳定的动力特征。不同气质类型会有不同的行为表现。气质类型是个体运动的心理依据之一。了解个体的气质类型，可令运动、学习安排更具针对性。

3. 心理能力

心理能力是个体综合应对外界事物和变化的心理素质，包括观察力、记忆力、思考力、想象力和注意力等。心理能力的个体差异性较大，如有人擅长形象思维，有人擅长抽象思维；有人敏捷，有人迟钝等。体能训练中，应结合个人能力选择与之相适应的训练项目内容。

心理能力是个体掌握知识、运动技能，提高学习效率、运动水平的基础。

（四）户外运动心理训练的作用

户外运动参与不仅涉及身体，也涉及心理。运动者参与户外运动需要具备一定的心理素质。结合户外运动项目，有针对性的心理训练有助于为运动者顺利完成运动，并为避免运动伤病奠定良好的心理基础。

1. 促进动机的产生

动机是行为的前提，户外运动的参与动机培养是引导青少年学生群体真正参与到户外运动过程中的重要前提条件。应针对青少年学生的群体和个性特点，选择运动者感兴趣的内容和项目，科学安排训练时间和负荷。此外，通过教育引导，可以使青少年学生正视训练，端正态度，充分认识体能训练的重要性及意义所在，可有效推进学生的户外运动的体能训练和心理训练的开展，使训练增加趣味性。

2. 提升认知能力

户外运动的科学、安全参与，对青少年学生群体的整个认知体系的提升具有重要的促进作用，同时在户外运动开展前，应针对青少年学生群体的特点和认知规律进行相应的知识、体能、技能、心理培训，这是确保青少年学生群体顺利参与户外运动的重要教育基础，也是青少年学生群体运动安全和素质发展的必然要求。

3. 满足情绪的需要

情绪是影响个体参与体能训练的一个重要心理因素，对户外运动参与者开展有针对性的情绪调控训练，能提高运动者的情绪操控能力，便于运动者在户外运动期间沉着、冷静应对各种问题、困难、意外。

4. 集中注意力

良好的注意力可使运动者在参与体能训练时更加集中精力，这对于完成正确的动作和避免训练损伤意义重大。

5. 坚定意志力

户外运动过程、环境复杂，运动者机体肌肉有时会处于高度紧张状态，并且需要完成各种技术动作、活动任务，此时强大的意志力是确保运动得以完成的重要条件。青少年学生群体参与户外运动，应具有勇敢面对运动中的各种困难、克服外部和内部干扰的能力，因此，加强对青少年学生意志力的训练是非常必要的。科学的意志训练可促进训练者的意志力的改善和提升，训练的不仅仅是身体，还有助于心理素质的改善。

6. 确定心理定向

准确的心理定向能使运动者及时在头脑中设计完成动作模式，对运动者实际完成的动作内容、结构具有重要的指导作用。

第二节　户外体能训练

一、户外运动力量素质训练

（一）身体肩部力量训练

1. 投掷实心球

肩上单手或头上双手掷实心球练习。

2. 负重臂绕和绕环

双手持哑铃做前平举、侧平举和臂绕环练习。

3. 提放双肩

两脚开立，身体正直，上提双肩至颈部，双肩感到紧张，数秒后还原，反复练习数次。

（二）身体手臂力量训练

1. 瑞士球俯卧撑

身体伸直成直斜线，双手撑球，肢体悬空固定，在球上做俯卧撑（图 2-2-1）。

图 2-2-1　瑞士球俯卧撑

2. 引体向上

双手分握单杠，向上拉引身体（图 2-2-2）。

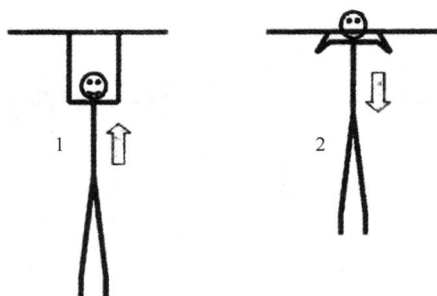

图 2-2-2　引体向上

3. 双杠臂撑起

双手撑双杠，直臂支撑身体，再屈肘支撑身体数秒，还原，反复练习（图 2-2-3）。

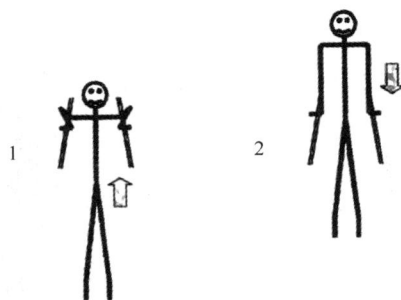

图 2-2-3　双杠臂撑起

4. 颈后伸臂

两脚开立，双手反握轻杠铃于头后部，反复直臂举杠铃（图 2-2-4）。

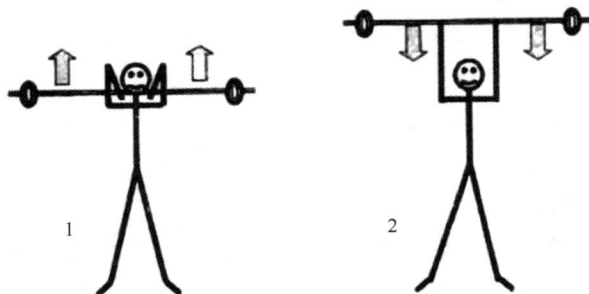

图 2-2-4　颈后伸臂

5. 屈肘

两脚开立，双手体前反握杠铃。屈双臂上举杠铃，数秒后还原（图 2-2-5）。

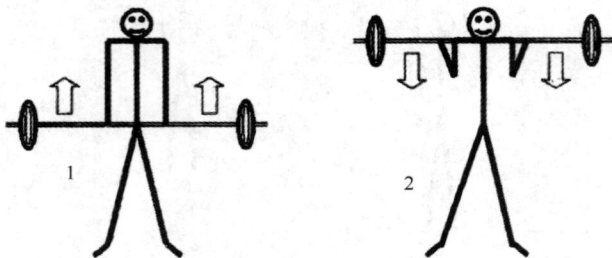

图 2-2-5　屈肘

6. 倒立走

倒立，双臂支撑身体移动（图 2-2-6）。

7. 爬绳

双手握住绳索，用力向上拉引身体（图 2-2-7）。

图 2-2-6　倒立走　　　　　　　　图 2-2-7　爬绳

（三）身体下肢力量训练

1. 仰卧屈膝提腿

躺下，膝盖弯曲，双脚平行。收紧腹部，提起臀部，抬起双腿，直到大腿与地面垂直。保持稳定，再放下双腿回到起始位置。注意控制动作，

避免用力过猛。（图 2-2-8）。

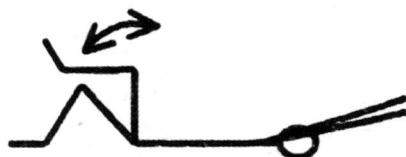

图 2-2-8　仰卧屈膝提腿

2. 仰卧直膝提腿

仰卧、屈膝，固定腹部，直腿抬起离地面 15～30 厘米（图 2-2-9）。

图 2-2-9　仰卧直膝提腿

3. 仰卧提膝

仰卧，屈膝抬腿，双手拉膝贴近胸部，保持 10～30 秒，双腿交替练习（图 2-2-10）。

图 2-2-10　仰卧提膝

4. 侧卧腿绕环

增加大腿内侧肌群力量。斜板上侧卧，举腿绕环（图 2-2-11）。

图 2-2-11　侧卧腿绕环

（四）身体躯干力量训练

1. 俯撑腿臂平伸

俯姿，直臂撑地，双腿跪撑地，右臂前伸，后伸左腿，右腿与躯干成一条直线（图 2-2-12）。

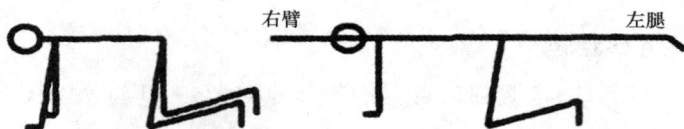

图 2-2-12　俯撑腿臂平伸

2. 俯姿平撑

俯卧，双臂屈肘 90°支撑身体，双腿伸直，脚尖撑地，固定腹背部（图 2-2-13）。

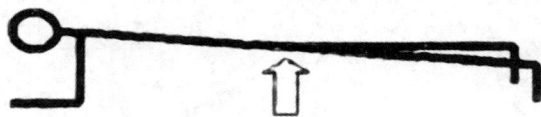

图 2-2-13　俯姿平撑

3. 俯姿桥撑

在俯姿平撑的基础上，提起臀部，稍屈膝，身体呈桥形姿势固定（图 2-2-14）。

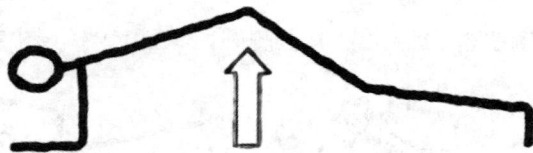

图 2-2-14　俯姿桥撑

4. 仰姿臂撑

仰卧，双臂屈肘支撑身体，双腿伸直，用脚撑地，提髋，身体呈直体姿势，固定（图 2-2-15）。

图 2-2-15　仰姿臂撑

5. 侧卧两头起

侧卧，双臂伸直，双手于头上合拢，双腿伸直、并拢。双腿和双臂离地、固定（图 2-2-16）。

图 2-2-16　侧卧两头起

6. 俯卧伸背

将瑞士球放在凳上，俯卧在瑞士球上，双手握凳两侧，提双腿，使身体平直悬空（图 2-2-17）。

图 2-2-17　俯卧伸背

7. 背肌转体

俯卧在山羊上，固定腿部，双手头后交叉抱头，上体后屈，再还原至水平位置左右转体，反复练习（图 2-2-18）。

图 2-2-18　背肌转体

8. 顶墙送髋

前臂靠墙支撑身体，头靠在双手上，身体向墙倾斜。后脚正对墙，脚跟贴在地面上（图 2-2-19）。

图 2-2-19 顶墙送髋

9. 弓箭步压髋

弓箭步，一腿前伸，膝关节成 90°，膝关节在踝关节正上方。另一腿体后膝触地，下压后面腿和髋部（图 2-2-20）。

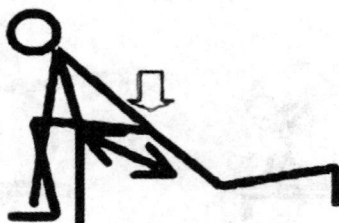

图 2-2-20 弓箭步压髋

10. 仰卧转髋

仰卧，头后握杆固定双手，收腹屈膝，左右转髋（图 2-2-21）。

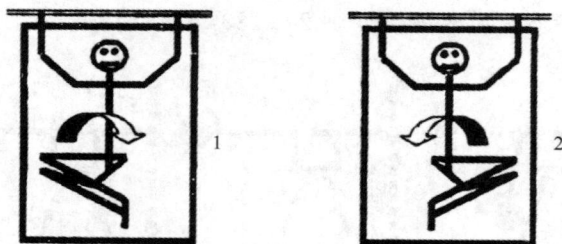

图 2-2-21 仰卧转髋

11．双手扶腰下推

站立，双手在髋部以上部位扶腰，手指向下推手掌，伸展腰部（图 2-2-22）。

12．双手叉腰转体

站立，髋上叉腰，上体转向一侧，头后转（图 2-2-23）。

图 2-2-22　双手扶腰下推　　　　　图 2-2-23　双手叉腰转体

13．负重转体

开立，屈膝，肩负杠铃，两手平伸扶杠铃，侧转体 90°（图 2-2-24）。

图 2-2-24　负重转体

14．负重体侧屈

开立，肩负杠铃，左右屈上体 90°（图 2-2-25）。

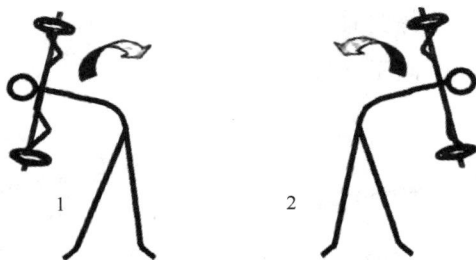

图 2-2-25　负重体侧屈

15. 负重体前屈

两脚开立，肩负杠铃，前屈身体 90°（图 2-2-26）。

图 2-2-26　负重体前屈

16. 持哑铃体前屈转体

两脚开立，一手持哑铃，接触对侧脚尖（图 2-2-27）。

图 2-2-27　持哑铃体前屈转体

（五）全身力量训练

1. 仰姿臂撑提腿

仰卧，双臂屈肘支撑身体，双腿伸直，用脚撑地，提髋，身体成直体姿势，再提起一条腿，固定（图 2-2-28）。

图 2-2-28　仰姿臂撑提腿

2. 侧姿臂撑

侧卧，单臂屈肘支撑，另一只臂屈侧举，双腿伸直、并拢，提髋离地，直体（图2-2-29）。

3. 侧姿臂撑提腿

在侧姿臂撑的基础上，提起一条腿，直膝、固定（图2-2-30）。

图 2-2-29　侧姿臂撑　　　　　　图 2-2-30　侧姿臂撑提腿

4. 仰姿瑞士球提髋屈膝

直腿垫在瑞士球上，双脚并拢，直体悬空，头和肩枕在地面，屈膝上提身体（图2-2-31）。

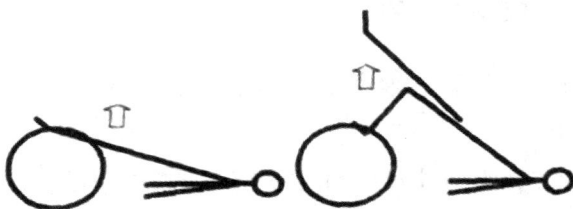

图 2-2-31　仰姿瑞士球提髋屈膝

5. 仰卧举腿

瑞士球上仰卧，双手握横杠，直腿上举（图2-2-32）。

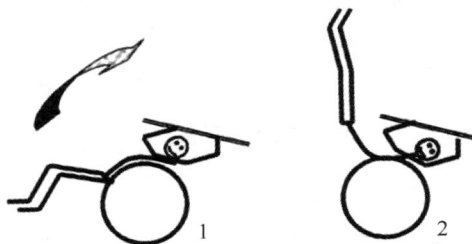

图 2-2-32　仰卧举腿

6. 肩上侧后抛实心球

开立，胸前持球，屈膝，球转到身后，下肢发力，躯干回转，肩上后抛球（图 2-2-33）。

图 2-2-33　肩上侧后抛实心球

二、户外运动速度素质训练

（一）身体反应速度训练

反应速度训练多以游戏形式开展，具体训练方法如下。

1. 两人拍击

两人一组，拍击对方背部，而又不被对方击中（图 2-2-34）。

图 2-2-34　两人拍击

2. 起动追拍

两人一组前后相距 2～3 米慢跑，听到信号加速跑，后者追前者，追上并拍击其背部就停止（图 2-2-35）。

图 2-2-35　起动追拍

3. 反应起跳

围圈面向内站立，一人在圆心持小竹竿（竿长超过圈半径）绕圈画圆，竿经谁脚下即起跳（图 2-2-36）。

图 2-2-36　反应起跳

4. 贴人游戏

两两前后面向圈内围成一圈，间隔 2 米。两人圈外追逐，被追者跑至某两人前，则后面第三者逃跑（图 2-2-37）。

图 2-2-37　贴人游戏

5. 抢球游戏

围成一个圆圈，球数比练习人数少一个，绕球圈在圈外慢跑，听信号就近抢球（图 2-2-38）。

图 2-2-38　抢球游戏

（二）身体动作速度训练

1. 上肢和躯干动作速度训练

（1）双球支撑快速扩胸

俯卧，双臂前臂支撑两个瑞士球，双臂按球合拢、打开（图 2-2-39）。

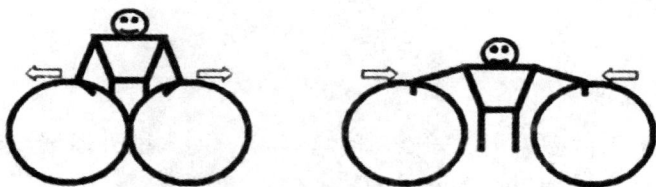

图 2-2-39　双球支撑快速扩胸

（2）俯卧快速提转哑铃

俯卧在瑞士球上，双手持哑铃，快速外展、提拉、收回（图 2-2-40）。

图 2-2-40　俯卧快速提转哑铃

（3）纵向飞鸟

体侧直臂快速提杠铃至头顶，再还原（图 2-2-41）。

图 2-2-41　纵向飞鸟

（4）横向飞鸟

体侧向后直臂水平、快速移动杠铃片至最大限度，再还原（图 2-2-42）。

图 2-2-42　横向飞鸟

2．下肢动作速度训练

（1）直膝跳深

直膝从跳箱上跳下，再直膝迅速跳上下一个跳箱（图 2-2-43）。

图 2-2-43　直膝跳深

（2）跳栏杆

双脚起跳和落地依次跳栏架（图 2-2-44）。

图 2-2-44　跳栏杆

（3）绳梯 180°转体跳（图 2-2-45）。

图 2-2-45　绳梯 180°转体跳

（三）身体位移速度训练

（1）前后摆臂练习（图 2-2-46）。

（2）高速单腿支撑跑动作平衡练习（图 2-2-47）。

图 2-2-46　前后摆臂练习　　　图 2-2-47　高速单腿支撑跑动作平衡练习

（3）后踢腿：从慢跑开始，使摆动腿脚跟拍击臀部，膝向前上摆动（图 2-2-48）。

图 2-2-48　后踢腿

（4）单腿（双腿）过栏架跑（图 2-2-49）。

图 2-2-49　单腿（双腿）过栏架跑

（5）拖轮胎（拖人）跑，快跑（图 2-2-50）。

图 2-2-50　拖轮胎（拖人）跑，快跑

三、户外运动耐力素质训练

（一）有氧耐力训练

1. 大步快走

每组 1 000 米左右，4～6 组，间歇 3～4 分钟，强度为 40%～50%。

2. 追逐跑

两人前后相距 10 米竞走追逐，每组 400～600 米，4～6 组，强度为 50%～60%。

3. 变速跑

根据快—慢—快，或慢—快—慢，或随机速度进行跑步训练。

4. 间歇跑

在身体尚未完全恢复的情况下进行下一次跑的练习，心率在 120～140 次/分钟。

5. 匀速持续跑

负重长跑 1 小时以上，心率控制在 150 次/分钟左右。

6. 越野跑

在公路、树林、草地、山坡等场地进行，心率控制在 150～170 次/分钟。

（二）无氧耐力训练

1. 间歇后蹬跑

行进间歇做后蹬跑。每组 30～40 次或 60～80 米，重复 6～8 次，间歇 2～3 分钟，强度为 80%。

2. 间歇行进间跑

行进间跑距为 30 米、60 米、80 米、100 米等。计时进行。每组 2～3 次，重复 3～4 组，每一次间歇 2 分钟，组间歇 3～5 分钟，强度为 80%～90%。

3. 高抬腿跑转加速跑

行进间高抬腿跑 20 米左右转加速跑 80 米。重复 5～8 次，间歇 2～4 分钟，强度为 80%～85%。

4. 反复练习跑

反复跑包括：反复起跑、反复加速跑、反复追赶跑。

四、户外运动柔韧素质训练

（一）身体颈肩柔韧训练

1. 拉头

前拉头、后拉头、侧拉头和持哑铃颈拉伸（图 2-2-51）。

前拉头　　　　后拉头　　　　侧拉头　　　持哑铃颈拉伸

图 2-2-51　拉头

2. 拉肩

向内拉肩、向上拉肩（图 2-2-52）。

3. 助力顶肩

两人一组，同伴身体后仰，用髋部向前上顶练习者肩胛部位
（图 2-2-53）。

图 2-2-52　拉肩

图 2-2-53　助力顶肩

4. 握棍直臂绕肩

双手握一木棍，直臂棍从体前经头上绕到体后，再还原（图 2-2-54）。

图 2-2-54　握棍直臂绕肩

（二）躯干柔韧训练

1. 直臂开门拉胸

门框内站立，双臂向斜上方伸直顶门框，身体前倾拉伸胸部（图 2-2-55）。

2. 站立伸背

站立，双手扶栏杆，上体前倾至与地面平行（图 2-2-56）。

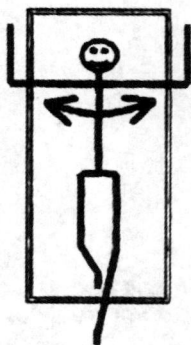

图 2-2-55　直臂开门拉胸　　　　图 2-2-56　站立伸背

3. 仰卧团身

仰卧，屈膝，脚滑向臀部。双手扶膝向胸和肩部牵拉，提髋（图 2-2-57）。

图 2-2-57　仰卧团身

4. 上体俯卧撑起

俯卧，双手在髋两侧撑地，双臂伸直撑起上体，头后仰，背弓（图 2-2-58）。

5. 弓箭步压髋

弓箭步站立，屈膝 90°与地面垂直，降低重心，后面腿的膝部触地，下压后腿髋部（图 2-2-59）。

图 2-2-58　上体俯卧撑起

图 2-2-59　弓箭步压髋

6. 倒立屈髋

仰卧，举腿垂直倒立，头、肩、上臂支撑，双手扶腰，双腿并拢，直膝，双脚触地（图 2-2-60）。

图 2-2-60　倒立屈髋

7. 跪立背弓

跪立，双手扶腿逐渐移至脚跟，形成背弓（图 2-2-61）。

8. 俯卧背弓

俯卧，双手抓住双踝，提起胸部和双膝离开垫子（图 2-2-62）。

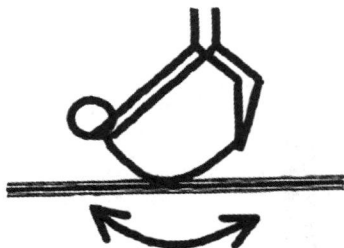

图 2-2-61　跪立背弓

图 2-2-62　俯卧背弓

（三）身体下肢柔韧训练

1. 坐拉引

坐姿，双腿体前伸展，屈膝腿伸展，与地面垂直（图 2-2-63）。

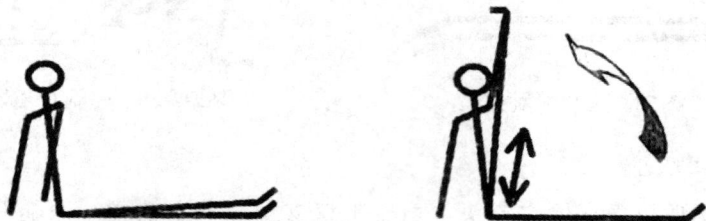

图 2-2-63　坐拉引

2. 坐立后仰腿折叠

坐立，一条腿向内屈膝折叠，大腿和膝内侧贴地，脚尖向后，身体后仰，平躺在地上（图 2-2-64）。

图 2-2-64　坐立后仰腿折叠

3. 体侧屈压腿

侧对高台站立，两脚与台子平行。将一只脚放在台子上。双手在头上交叉，呼气，向台子方向体侧屈（图 2-2-65）。

图 2-2-65　体侧屈压腿

4. 扶墙拉小腿

面对墙两脚开立，直臂双手扶墙，身体各部位成一直线，直臂屈肘，人体向墙倾斜。头肘触墙（图 2-2-66）。

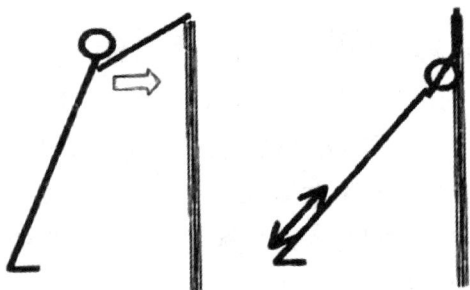

图 2-2-66　扶墙拉小腿

5. 直膝分腿坐压腿

双腿分开坐在地面上，转体，上体前倾贴在一条腿上（图 2-2-67）。

图 2-2-67　直膝分腿坐压腿

五、户外运动灵敏素质训练

（一）基础性动作训练

1. 徒手训练

（1）原地团身跳：原地双脚向上跃起，腾空后两腿迅速团身收紧，接着下落还原。

（2）前、后滑跳移动：两脚前后开立，上体稍前倾，听信号目视手势移动身体。

（3）退跑变疾跑：听或看信号后迅速转体 180°快速后退跑 5 米，接着再转体 180°向前疾跑 5 米。

（4）跨越障碍跑。

2．器械训练

（1）利用球进行传球、运球、顶球、追球、颠球、托球、接球和多球练习、滚翻传接球练习。

（2）借助单双杠悬垂摆动练习个体的灵敏性。

（3）借助一些器械进行翻越肋木、钻山羊、钻栏架练习。

（4）通过各种专项球类练习和技巧练习、体操练习等练习个体的灵敏性。

（5）扑球：两人成为一组并面对对方站立。一位参与者负责抛球，另一位参与者则负责接球。抛球人的目标是将球向对方的身体一侧抛出，而接球人则可腾空跳起以接住球。

（6）跳起踢球：2 人面对而立，间隔 15 米。一人抛球至另一人体前或体侧方，对方快速跳起用脚准确踢球。交替进行练习。

（7）接球滚翻：2 人一组，一人坐在垫上（接球），另一人面对其站立（传球）。坐在垫上的人接不同方向和速度的来球。

3．跳绳训练

（1）前摇两次或三次，双足跳一次。

（2）后摇两次，双足跳一次，俗称"后双飞"。

（3）交叉摇绳。训练者两手交叉摇绳，每摇 1～2 次，单足或双足跳长绳一次。

（4）双人跳绳。两名训练者手拉手跳 3～5 次后快速跑出。

（5）集体跳绳。两名训练者摇动绳子，其他训练者连续不断地跳过绳子。

（6）跳波浪绳。两摇绳者把绳子上下抖动成波浪形，练习者敏捷地从上面跳过，碰到绳子者与摇绳者交换。

（7）跳蛇形绳。即教练与一名队员双手握一根长绳，并把绳子左右抖动，使绳子像一条蛇在地上爬行，数名队员在中间跳来跳去，1 分钟内触及绳子最少者为胜。

（二）组合动作训练

1．两个动作组合

（1）转体俯卧→膝触胸。

（2）交叉步→后退步。

（3）前滚翻→挺身跳转 180°或 360°。

（4）侧手翻→前滚翻。

（5）盘腿坐→后滚翻。

（6）立卧撑→原地高频跑。

（7）坐撑举腿→俯卧撑起跑。

2. 三个动作组合

（1）立卧撑→原地高频跑→跑圆圈。

（2）交叉步→侧跨步→滑步。

（3）腾空飞脚→侧手翻→前滚翻。

（4）滑跳→交叉步跑→转身滑步跑。

（5）转髋→过肋木→前滚翻。

（6）旋风脚→侧手翻→前滚翻。

3. 多个动作组合

（1）跨栏架→钻栏架→跳栏架→滚翻。

（2）后滚翻转体 180°→前滚翻→头手倒立前滚翻→挺身跳。

（3）分腿跳→后退跑→鱼跃前滚翻→立卧撑。

（4）跨栏→钻栏→跳栏→滚翻。

（5）悬垂摆动→双杠跳下→钻山羊→走平衡木。

（6）摆腿→后退跑→鱼跃前滚翻→立卧撑。

（7）倒立前滚翻→单肩滚翻→侧滚→跪跳起。

第三节　户外心理训练

一、户外运动心理训练过程

（一）基础运动心理训练

（1）充实运动者的各种理论知识，特别是心理学和运动心理学的理论知识、操作技能与测量评定的方法。

（2）探讨、了解并熟悉运动训练、运动竞赛过程中所有可能涉及的心理学问题。

（3）通过心理选材和心理测量评定建立运动员的心理档案。

（4）实行定期与不定期相结合的各种心理诊断。

（5）制订切实可行的心理训练计划。

（6）结合户外运动专项，实施专门的心理训练。

（二）户外运动心理训练

（1）传授心理训练的目的、作用与原理，提高运动者对户外运动心理训练的认识。

（2）收集和分析即将进行的户外运动比赛的相关资料。

（3）识别最佳竞技状态与产生各种心理障碍的征兆。

（4）制定赛前心理训练的策略，选择相应的心理训练的方法与手段。

（5）实施心理训练的策略、方法与手段。

（6）检查心理训练的效果，总结经验教训并巩固其成果。

（7）训练计划修正与再实施。

二、户外运动心理素质的培养

（一）户外运动参与动机水平的提升

对青少年学生群体来说，培养他们参与户外运动动机的训练方式有如下几种。

1. 通过满足自身发展的需求

（1）满足运动者追求刺激和乐趣的需要：户外运动具有很好的挑战性与趣味性，能够使运动者获得身心锻炼，运动过程中的乐趣性和艰苦性兼而有之，应在户外运动参与训练过程中适当满足运动者的合理需求，使其不断保持对户外运动的兴趣。

（2）满足运动者获得集体归属感的需要：户外运动有很多项目需要运动者以团体形式来参与，在集体中，个体渴望获得归属感。因此，在运动过程中要以获得集体成员的资格作为激励来激发运动者的参与热情。

（3）满足运动者展示自我的需要。

2. 通过一定的手段提升动机

（1）规定获得奖励的行为和条件，注意奖励有度。

（2）最好对达到标准的优异表现进行没有规律的强化。

（3）运动者之间的相互强化值得鼓励。

（4）通过思想教育，使户外运动参与者明确能力、努力和自我价值的标志。

3. 依从、认同与内化

（1）依从：通过外部奖励与惩罚来激发运动的动机。

（2）认同：利用他人与运动者之间的关系来激发运动者的运动动机。

（3）内化：通过启发信念与价值观来激发内部动机。

（二）户外运动注意力的集中

提升注意力的方法主要有以下几种。

1. 秒表练习法

练习者注视手表秒针的转动进行练习，如果能持续注视 5 分钟而不转移注意力，则可视为成绩较好。

2. 模拟练习法

模拟运动过程和周围环境可能出现的干扰情况，提高运动者的抗干扰能力。

3. 明确运动任务的内容

在户外运动心理训练过程中，通过讲解说明，使运动者明确当前任务，专注于当前的可控因素，减少对不可控因素的注意。

（三）户外运动自信心的提升

提高户外运动参与者的运动自信的具体训练方法如下。

1. 创设情境法

实践表明，如果运动者多次成功地完成某一技术动作（训练任务），则会对自己的能力充满自信。因此，创设成功的情境是提升自信的重要策略。在训练时，可通过创设相应的情境，让运动者有机会获得成功的体验，以此来增加运动者的运动自信。

2. 自我暗示法

如果在比赛中出现情绪起伏较大、情绪不稳定等情况，可采用自我暗示的方法，通过默念"我必须沉着、镇静""我感觉很好""这个动作我能完成好"等来稳定情绪。

3. 学会自我放松

户外运动参与者可通过放松躯体肌肉来放松紧张的心情，具体方法主要有：排除杂念，意念集中，做深呼吸，自信地微笑，从头部开始放松全身肌肉。

4. 建立积极向上的思维定式

心理学研究表明，当运动者由消极的思维引起情绪紧张，并被自己察觉时，应采取积极的思维来阻断消极的思想意识。通过这种方式，能够使运动者快速摆脱不良情绪。

5. 消除自卑心理

自卑是运动者经常会出现的心理问题之一，导致自卑的因素有两个，一是运动者自身运动成绩和效果不理想，二是他人对运动者的过低评价。要消除个体的自卑心理，应从自身原因入手，进行自我心理调节，重塑自我认知，并做到不受他人评价影响。

（1）对自己进行客观评价。在户外运动游戏、训练、比赛中，运动者应客观评价自己。

（2）与他人进行合理比较。运动者不要总用自己的不足与他人的长处相比，而应该与环境和心理条件相近的人进行比较，不仅是在户外运动中，在日常生活中也应如此。

（3）正确分析原因。分析成功的原因，也分析失败的原因。

（4）敢于表现和付出努力行动。多做一些力所能及的尝试，遇到困难不轻言放弃，通过努力获得成功可增强个体的自信。

（四）户外运动团队合作水平的提升

户外运动具有挑战性、冒险性，许多户外运动需要团队协作完成，对于整个运动团队来说，必须要建立良好的团队意识，统一目标、统一行动，

共同努力以完成团队目标。

户外运动参与者的团队意识的提高和团队协作能力的提高的具体训练方法如下。

1. 明确团体的道德准则

团队准则规定了队员在团体里的行动要求，并得到大部分队员的赞同和遵守。团体准则的主要作用就是调节运动者的行动，在户外运动正式开展前，明确团队道德和行为准则，对于规范团队各成员的行为具有重要指导作用。

2. 维持良好的团队氛围

团队的情绪状态是心理气氛的特殊形式。一般来说，获得好成绩和赢得胜利使每个运动者和整个团体都产生一种满足感。对于失败的科学处理也同样可以增强团队力量，这就要求运动者分析失败的原因，吸取教训，克服消极情绪，振奋精神。团队核心成员可以通过自我鼓励和鼓励他人，来使整个团队都始终保持良好的精神、情绪状态。

3. 减少团队中的矛盾和冲突

团队中队员之间的冲突会导致极大的情绪波动，进而引发悲伤、委屈、愤怒、动武等多种负面情绪和行为，这都是户外运动过程中应尽量避免出现的，因为这种负面状态和行为会损害运动者的自尊、注意力、团队协作，不利于训练和比赛任务的完成。团队成员之间的相互猜忌和不配合，很可能会导致户外运动中的技术失误，严重的可导致意外事故的发生。

团队冲突对于一个团体活动的心理气氛起着消极作用，因为冲突者更多的是考虑自己而非团队，团队竞争尖锐化会引起冲突。防止竞争变为冲突的最有效的途径，是在团体里进行超前的、预防性的心理疏导。根据运动者在户外运动中的角色职能、心理特点、性格特征进行心理调节和疏导。

4. 重视团队间的人际关系

团队成员之间的关系与团队氛围密切相关。构成人际沟通的重要因素包括情绪表达、信息传递和沟通网络的性质等。这些因素对于沟通双方的沟通效果具有重要影响。沟通不顺畅往往是导致人际矛盾问题的原因之一。户外运动心理训练中，应重视团队之间人际关系的沟通与协调，使队员之间相互信任和鼓励，为团结整体团队、提高团队作战士气创造良好的条件。

5. 提升团队的凝聚力

对于户外运动中的团体行动来说，团队内聚力对团队任务的完成具有重要的促进作用。而内聚力是可以通过说服、疏导及其他方面的工作逐步形成和加强的。在增强团队内聚力的工作中，抓好骨干力量和核心队员的培养，是增强和提高户外运动团队内聚力的重点。

第三章　户外运动的风险管理与逃生技能

本章为户外运动的风险管理与逃生技能，主要介绍了户外运动中风险管理的重要性、现代户外运动风险管理与系统架构、户外突发性自然灾害事故的自救逃生、户外突发性治安事件的应对措施四个方面的内容。

第一节　户外运动中风险管理的重要性

户外运动是在自然环境中进行的，大自然中本就存在着各种各样的危险，尤其是登山探险危险因素则更多。在户外，人类面对复杂多变的自然，常有不同程度和种类的伤亡事件发生。客观存在的自然因素只是伤害发生的基础，并不一定会对登山者造成巨大的伤害，很多伤害都是登山者主观因素所造成的，如登山准备不足或突发事件出现时处理不当。从现实角度来看，大部分伤害事件的发生，是由这两方面因素共同作用造成的。所以为了登山这项运动更加安全，加强风险管理工作意义重大。

为了方便研究和表述，在下文中会以"山难"一词来概括登山与登山户外运动中发生的重大灾难性事故。最为严重和典型的山难莫过于造成人员死亡的事故。研究者应从这类事件入手，针对其发生时的具体情况和规律进行研究，制定出更加科学有效的风险管理方法与措施。

一、中国山难史的第一阶段

我国的现代登山运动始于 1955 年，而在两年后就发生了第一次山难，事件发生于攀登贡嘎山时，当时的国家登山队中有 6 名队员成功登顶，但却有 4 人遇难，其中 3 人在下撤途中从山上坠落而亡，另一人遭遇雪崩。自此之后，我国的户外运动参与者不多，开展的项目也较少，这种情况一直持续到 2000 年。因此，从 1955—2000 年，是我国山难的第一阶段。

由于我国早期的登山采取的都是大兵团作战的方式，工作人员的人数和种类众多，很难与登山队区分清楚，这造成了我国高山探险遇难率统计值偏低。这一点外国的研究统计数据较为准确。

有材料表明，每年在阿尔卑斯山区登山者有 300～500 人遇难。据英国喜马拉雅山基金会主席沃德先生统计，从第一次试登开始到完成 10 座世界上 8 000 米以上高峰的首登为止，发生的所有山难中，死亡总人数高达 64 人，其中登山队员有 23 人，死亡率是 6%～7%[①]，剩下的 41 人则是搬运工人。这个死亡发生率是比较高的，其原因可能有以下几点：

（1）早期登山时各种条件和装备缺乏、简陋。

（2）统计的全部是首次试登到首次成功地攀登 8 000 米以上山峰的活动。首次攀登遇到的困难要比再登大得多。

（3）仅计算了登山者的死亡发生率，不包括随同的其他工作人员。

根据日本的统计，在 1959—1971 年发生的山难中，日本登山者共有 2 495 人死亡或失踪，年平均遇难者 192 人。在这 13 年间死亡人数呈逐年递增态势，但因为每年参加的登山者都会比往年增多（118 人升至 243 人），死亡率反而呈下降趋势。据日本登山专家山森欣一先生的统计结果显示，在 1952—1982 年的 30 年间，参与喜马拉雅山区 6 000 米以上山峰攀登的日本登山队员，有 126 人死亡，占总参与人数的 2.8%[②]。

二、中国山难史的第二阶段

自 2001 年起，即进入 21 世纪以来，是中国山难史的第二阶段。在这个时期，我国的登山运动和山地户外运动得到了迅速发展。高山探险活动从原本只有少数精英可触及的领域走出来，融入了普通民众的生活，广大民众的参与使得户外运动蓬勃发展，各种户外运动的参与人数也不断增加，

---

① 董范，国伟，董利. 户外运动学［M］. 武汉：中国地质大学出版社，2009.
② 张斌彬，李纲，李晓雪. 户外运动与户外安全防护研究［M］. 应急管理出版社，2019.

每年都有成百万的增长。2005 年，山地户外运动正式被列为我国的体育项目，得到了国家体育总局的认可和支持。

随着中国山地户外运动的兴起，山难发生的特点也发生了新的变化。

2001 年年底共察访到 229 家各种形式的俱乐部，它们分布于除安徽、内蒙古、宁夏等以外的 28 个省市自治区，对其中一半以上的俱乐部进行走访，并对 45 家资料基本完整的俱乐部的有关数据进行了统计分析。从 1989 年我国第一家开展户外运动的民间社团成立开始，1989—1998 年间共成立了 8 家，占样本的 17.8%。其余 37 家均成立于 1999—2001 年，占样本的 82.2%。三年间每年共拥有会员分别为 6 925 人、14 386 人和 30 197 人，参加组织活动的分别为 17 098 人次、39 626 人次和 105 759 人次。1999—2001 年的三年间每年翻一番以上。男女人数大致相等，这是女性参与最多的体育项目之一。年龄结构以 25～40 岁居多，占 80% 以上。登山户外运动在群众最喜爱的全民健身运动前 10 名中名列前茅，已成为全民健身中一个重要的运动项目[①]。

俱乐部共有 4 种类型：社团法人；企业法人；隶属于政府部门或企事业单位；自由结社。在 45 家俱乐部中，具有企业法人或社团法人地位的有 29 家，占样本的 64%；有 3 家为隶属于企事业的群众团体；另外 13 家不具有法人资格，没有可以承担法律责任和行政责任的负责人，占 27%[②]。

户外运动的兴起推动了一个新的产业链的形成。山地户外运动正在快速发展，参与人数继续增加。近年来，山难中发生的事故中，山地户外运动所占比例相当大，这是新时期山难的一个显著特点。尽管参与人数不断增加，但登山探险的遇难人数保持稳定。这一现象的原因如下：

1. 登山人口数量相对较小，虽然发生率相对较高，但总数并不多，始终保持在相对稳定的水平上。

2. 登山技术、登山装备、登山经验的显著提高，以及登山路线的成熟，使得遇难的可能性减少。

3. 对登山中的危险性重视程度提高，准备更加充分，应对措施也更为完善。

---

① 李舒平，邹凯. 户外运动的风险管理 [M]. 广州：广东省出版集团，2009.

② 李舒平，邹凯. 户外运动的风险管理 [M]. 广州：广东省出版集团，2009.

在山地户外运动中，仍存在较多问题，如参与人数多，而又缺乏规范的组织管理；个人能力参差不齐，生手多，常犯一些低级错误，如在山洪通道上露营等；风险意识差，准备不足；基本知识和技术不够，经验缺乏，等等。

三、减少山难损失的历史经验

自然灾害难以预料，由此引发的山难更是难以防范，但这并不意味着面对自然灾害我们就只能坐以待毙，我们应该做的是，保持积极的心态，勇敢面对发生的困难，以最快的速度规避危险，防止灾难降临于己身。客观因素不可避免，而主观失误是可以避免的，积极的态度和正确的应对方法可以避免或减轻山难造成的伤害。应针对每种危险建立规避和预防方案，还应该有相应的遇险救援方案，所有的这些方案，共同构成了一套完整的山地户外运动风险管理体系。

对于风险的认识也在发展变化中。传统的风险概念即是客观存在的危险。现代意义上对风险概念的理解是多元化的，具体的解释为以下两方面：一是不能将风险等同于客观存在，客观存在的危险只是风险的一种，人类的决定和行动才是造成风险的主要原因；二是风险带来的不只是坏的结果，也应该有积极的产物。之前被动的风险理念认为风险只能带来损失和伤害，而积极的风险理念则认为风险不只会导致伤害和损失，如果我们能够克服困难，积极面对，那么在战胜风险之后是可以产生收益和造成积极影响的。

风险管理至关重要的一项就是控制好"度"，即通过对风险的研究和掌控，将其控制在我们可接受的范围内。对于一般的户外运动者，这个"度"就是不要发生致残或致命性伤害。

在登山户外运动中，不同的人群有不同的要求，对风险指数的选择也会不同。登山者对于各种户外运动具有什么样的和多大的风险，其发生发展的规律，如何避免、减少和防止风险产生的危害，如何通过风险关口达到成功的彼岸，都应该获悉。当然，首先要恰当地选择好自己能承受的风险度，并应做好能进能退的思想准备和技术装备。

山间危险是不能消除的，但可以规避和减轻其造成的灾害；自然灾害是难以控制的，但人为过错和不当操作是可以避免的。不管是通过规避的

方法免除自然危险的侵害，还是杜绝人为过失所引发的伤害，都可以归结为加强风险管理，防范山难的发生或减少山难的伤害。在举办登山户外运动时，必须将安全第一作为活动宗旨，并严格做好以下工作。

（一）做好安全教育工作的保障

为了减少登山户外运动中的遇险次数和遇难人数，第一件事就是做好安全教育工作，这项简单的工作远比推行户外装备和教授新技术重要。通过安全教育，使每个户外登山者能够深切认识到户外活动的危险性，并能将自身安全放于活动目的的首位。

安全教育要取得好的效果，就要注重广泛性和持续性，因为每年都会有新手进入户外运动，也有很多老手要去尝试更高更难的新挑战。安全教育还要发挥各方面的积极性，政府和权威部门要制定相关的管理办法、安全标准、指导手册等。媒体是最重要的宣传教育窗口，尤其是电视和行业性的报刊。从业机构可以举办各种形式的培训和讲座。学校里要向学生传授安全观念和安全知识。总之，社会各方面都应该为安全教育承担责任、尽到义务。

风险和安全教育还可以起到正确的舆论导向作用，让全社会正确认识和理解登山户外运动中的危险和山难的发生，提高社会的承受能力。

（二）提升户外活动的组织性

严密的组织和科学的战术是保证安全的大前提。在队员选拔训练、资讯准备、物资的准备和运输、适应性行军、安全登山路线选择、营地设置、天气时机的运用、待机安排、接应组织、克服难点、突击顶峰等方面都要做好精心、充足、严密的准备和组织，实行有效严格的指挥。反之，一支组织涣散、指挥不灵、队员各行其是、缺乏合作的登山队，或是队员之间互不相识、互不关心拼凑起来的临时队伍，是极易发生问题的。而且一旦发生问题，就会像雪崩一样越滚越大，局面难以收拾。严密的组织是一次户外运动成功和安全的保证，规范有资质的从业机构在组织活动上有可信的能力和不断积累的经验，不断加强这些机构的规范建设，从全局上对户外运动的健康发展是不可缺少的。在经济发达的国家，这些有风险的活动都是专业化的公司和社团组织的。

（三）做好户外运动的准备工作

户外运动是一项综合性运动，涉及诸多方面，需要掌握各方面的知识、技术和技能，需要积累和学习大量的经验。因此，出发前要扎扎实实地做好思想、组织、知识、体能、技术、装备和急救物资的充分准备。这些要求在很多手册、教材中都讲述得很全面，这里只提一个大纲。

1. 相关知识的学习

学习的知识范围包括地理学、气象学、冰川学、医学、运动学等方面的知识。要详细了解活动地区和路线的有关情况。

2. 掌握必要的技术和技能

要掌握识图和定向定位、攀登技术、安全保护技术、野外生存技能（包括走路、涉水、露营等）、天气观测、装备器材的选择和正确使用、野外急救常识。

（四）提升风险管理的实际水平，有效控制风险

2000 年之前的风险管理对策主要集中于一些具体问题，如技术装备的优劣，战术是否到位，组织是否严密，后勤保障和救援措施是否完善等等。自进入 21 世纪风险新概念引入后，风险管理有了更细致可靠的执行方法，构成了一个完整的现代风险管理体系。这一体系由以下 5 个方面构成：

1. 分析危险因素

这是进行危险管理的第一步，也是至关重要的一步，应在活动开始之前将参与活动的人和装备以及环境这些主要因素分别可能产生的危害、事故和损失进行罗列，制成表格。

2. 做好风险分析工作

风险分析即对上述危险列表进行分析。应从以下几方面考虑：可能引起危险和事故的原因与机制是什么，会在何人何地何种状况下发生，务必对重要的动态因素进行分析。其目的之一是确定各风险可能造成的伤害程度。

3. 掌握安全控制手段

根据风险分析的结果，选择相应的防范手段，将风险降至最低，损失降至最小，确定后一定要准备好预案。通常情况下会选择从领队的角度提

高安全控制能力。

4. 做好风险评估工作

做好风险评估工作，即对上述三项内容进行检查和评估，目的是判断风险管理是否合理有效且具有预测性，判断采取的安全控制手段是否是将损失和风险降至最低的方法。这种评估并不只是主观判断，也要与事实进行对比，并为之后的风险分析与控制提供经验。

5. 制订风险对策

实际上是对整个风险管理措施的回顾和总结，是以活动中实际发生的状况为依据的，目的是提高整个安全管理的水平。在实际操作中，风险管理表格只体现危险因素识别、风险分析和安全控制。其中危险因素识别和风险分析可以进一步细化。

总之，可以概括为：

第一，客观危险是难以预测的，但其带来的风险是客观存在的，我们可以通过研究其存在和变化的普遍规律，采取相应措施规避其引发的山难，尽量减少或避免伤害和损失；

第二，主观危险因素是可控的，它在山难中起着相当重要的作用，如能力不足是可以通过后天学习改变的，而人的失误是可以通过管理手段来避免的。当然每个人都不可能一生不犯任何错误，犯错并不可怕，可怕的是发生后不努力学习、改变和提高，令这种错误一再发生；

第三，通过科学的风险管理手段把风险控制到可以接受的程度；

第四，合理利用风险管理，发挥户外运动的更大效益。

第二节　现代户外运动风险管理与系统架构

一、现代的户外运动风险管理

（一）现代户外运动风险管理概述

1. 危险的定义

危险是导致事故发生的各种因素，可分为客观危险和主观危险两种，无论哪种都有可能引起灾难。前者是指意外事故或自然灾害，后者是人为失误的事故。实际上，绝大多数灾难是由综合因素造成的。

2. 风险的定义

旧的风险理念与危险意思相同，认为是客观的危险。现代的风险概念则是一个多元化的概念，指"失去或获得某种有价值事物的可能性"。而风险不单是由客观危险引发的，它与人类主观的决策和行动导致的结果密切相关，所以有的学者提出：任何事情本身都不是风险，世界上本无风险，但是另一方面，任何事情都可能成为风险。这句话有些玄妙，仔细揣摩也有一定的道理。这取决于人们如何分析其中的利弊，如何对待其带来的得失。

总之，风险不尽然是消极的或危险的，也不单只会造成损失，实际上由于风险的激发作用反而会带来意想不到的收益。关键在于以何种态度来对待风险，而积极的态度才是户外登山运动所需要的态度，当我们以这种态度来面对风险时，便赋予了风险新的意义。

3. 风险的主要类型

根据风险的实际存在形态，可将其分为以下三类。

（1）实在风险。必然发生的危险、事故和损失。

（2）潜在风险。可能发生的危险事故和损失，当然也可能不会发生。

（3）意外风险。不可抗力因素造成的意外危险、事故和损失。

4. 导致户外风险出现的原因和安全控制

（1）风险因素

能够引发风险产生的因素有多种，这些风险的主要来源是人、环境、活动和装备。

来自人的因素主要指人的身体和心理状况、人所具备的知识和技术、人的体能如何、是否积累了相关经验、是否善于沟通和交流，等等。活动的类型和在活动中使用的装备对产生风险的影响也很大。这些因素并不是相对孤立的，而是组合在一起作用于风险，使风险发生的概率和级别呈几何倍数地放大。

环境因素包括气候与地形两个重要因素。在对这些环境因素进行评估时通常会从三个角度进行考量：第一个是气候，主要是指进行活动时的季节，第二个是活动地点，第三个就是活动的内容，指的不仅仅是静态的内

容，还要考虑到活动进行时会产生的动态变化。

（2）安全控制因素

对于上述提到的风险因素，有些难以控制，例如环境因素，有些是可以通过一定的手段来进行控制的，例如，对于活动因素就可以通过组织领导、计划安排和经验判断的方式来进行控制。

危险因素和安全控制因素相互之间此消彼长。我们可以用一个活塞模型来解释这两者之间的相互关系，可以将整个活动看作是活塞桶，危险因素就像是活塞，它最初所引起的风险，即静态风险是一个定值，而当这些因素发生动态变化时，若不加控制，风险会以几何倍数形式放大，而阻止这个动态风险继续变大的活塞杆就是风险控制因素，最终这两者之间会达到某种平衡。由此可见，如果安全控制做得好，就可以将动态风险降到最低，进而使整个风险水平得到控制。换言之，如果没有安全控制，这些危险因素导致的风险将大到难以预料。

5. 其他有关概念

（1）探险

探险指目标不明确的探索和体验，其结果有很高的不确定性。引起这种结果的原因通常是信息不完整、不清楚或参与者的能力不足。但这种活动应是有目的、可以自主选择的，有一定的可控性，因此有成功的可能性。

（2）冒险

冒险指的是盲目性的探险，是在连最基本的准备和认识都没有的情况下就进行的盲目的、侥幸的行动。

（3）极限体验

更大限度地发挥体力和全面素质能力，感觉到潜能迸发是得到兴奋感和成就感时的体验。

（4）挑战

面对即将到来的危险，激发个人和团队的能力至关重要。在危险情况下，团队成员可以共同努力，发挥最大的潜力，克服困难并适应不断变化的结果。

（5）安全

通过控制来消除或规避危险导致的各类事故。

（二）户外运动风险管理的基础原因

1. 户外运动存在两面性

户外运动的引人入胜之处就在于它给人们带来的特殊体验，它使人们感受到面对风险时的紧张与刺激，也给人们带来了战胜困难后的成就感。对每一位参与者来说，这都会是一段非常难忘的经历。它能够使人们在活动中积攒了更多的自信，迸发了更多的创造力。这种显而易见的特有价值使人们对这类活动产生了极大的兴趣。

探险可以使参与者的自尊心得到满足；自信心得以提升；体验面对困难和挑战时带来的澎湃心情；体验战胜困难或挑战成功后的成就感和幸福感。

探险体验教育基于那些富有挑战性或能给人带来刺激的活动，换句话说就是能带给参与者许多前所未有的体验的活动。在探险体验教育中，会有很多种不同的群体，也会有许多从未遇到的困难，这样的组合使每一次探险体验都独一无二，在这种氛围中，每一个参与者最终都突破了自己的局限，完成了难以想象的任务。因此，探险体验教育是帮助个人成长与发展的良好途径。

户外活动领队会通过有意识地增加风险，促使活动参与者离开他们舒适的生存空间。但也有一些从事户外活动的专业人士一直对这样做的价值表示怀疑，他们建议，通过提高项目的稳定性来增加活动参与者的安全感，进而提高参与者对参加活动的兴趣和积极性。他们发现，这种方法尤其适用于新手、易于焦虑烦乱的人。相关专业人士认为，安全舒适的活动环境和能够相互认可的活动氛围，可以促进参与者的成长。所以，安全舒适就成为了所有探险活动的理想基础，而参与人员在确保人身安全后，会进一步地要求情感安全。

2. 社会对户外风险程度的要求

社会对领队的道德要求与对风险的容忍程度基本上是一致的，总的来说就是可以接受并允许自己有计划地去"冒险"，但绝不可以将别人置于险境。

社会通常对日常生活中存在的如交通事故和自然灾害等这样的风险有

较高的容忍度，即使这些事故在我们的身边时常出现。但对于通常风险率很低的活动，特别是在已预知风险的制度框架下，如对于学校、探险旅游业或户外团体发生的风险会产生强烈的反应。因此这些组织有责任确保其项目和设施以最高标准达到公共安全的要求。如若发生事故，社会反响将异常强烈。

有些状况会导致更恶劣的社会反应，具体如下：

（1）参与者专业水准较低，对于团队活动不熟悉；

（2）领队或活动团体专业性不足；

（3）参与者对团队的活动不熟悉；

（4）对于或将发生的危险，领队未尽到告知义务；

（5）队员之间相互推卸责任，不愿共担风险。

在探险中彻底消除灾祸的希望是不切实际的。在任何冒险或探险活动中，都存在一定的风险和无法预测的因素，无法完全消除致残和死亡的潜在风险。实际上，在受到有效控制的户外运动中，事故发生率很低。因此，风险控制的目标一直是降低致死和致残率，使其维持在人们可接受的范围内，这对户外运动至关重要。要实现这一目标，需要加强风险管理和普及安全教育。通过持续提高参与者的风险意识，逐步推动社会接受这项运动，才能不断增强安全意识并减少意外事故的发生。因此，在户外运动中，我们不仅需要采取措施来控制风险和管理安全，还需要广泛传播安全知识，提高参与者的安全意识，以确保活动的顺利进行，并将致伤和致死率控制在合理的范围内。

3. 领队对户外风险的认知程度

现代探险者希望在户外活动中获得探险和挑战的经历而不会受伤，因此希望户外领队能够保护他们免受伤害。但不论是否有领队，探险者们都有责任保护自己的安全。

为了提供高质量的户外体验，就要求户外领队熟知无论是心理、情绪上的风险，还是体能文化上的风险，甚至是社会上其他所有可能发生的风险。无论是主观还是客观因素导致参与者不能完成某项活动时，都应立刻考虑活动继续进行下去的安全性。

户外领队无论从道德层面上说，还是从法律层面上说，都有义务处理好户外活动中或将发生的风险问题。特别是法律中明确要求户外领队提供某一水准的保护，以确保活动能为参加者提供最优质的体验。

领队不仅要照顾到参与者的体验，另一项重要的工作就是管理好风险。领队可以通过开展风险或者利益管理会的形式来对风险进行管理。在进行风险评估时要参考的最重要的依据是达成的目标和造成的结果。在制定管理策略时，必须充分考虑挑战成功的机会是多少。

根据对主观危险水平的评估、对风险控制手段的运用程度、以往遭遇风险获得的经验等，可以从以下三个层面来确定面对的风险水平，并据此决定应对风险的对策。

（1）绝对风险表示在没有实施任何安全控制措施的情况下，风险可能达到的最高程度。换句话说，它代表了可能出现的最严重情况。

（2）剩余风险：即实施安全控制措施后，仍没有消除的风险程度。这时的风险虽得到一定控制，但仍有一定概率会发生。剩余风险很难准确确定，精明的户外运动领队均会将这种剩余风险控制于人们可接受的范围内。

（3）感知风险：即任何人对于或将出现的剩余风险是何种程度作出的主观判断。与户外活动的领队或经验丰富的探险者相比，新参与户外活动的人对风险水平往往存在认识差异。人的认识通常受其个性和经历影响。感知风险往往受人的影响较大，由于人的感知差异巨大，导致感知风险的范围从零风险到绝对风险不等。

户外活动领队应该认识到，一个群体内不同的人对风险的认识也有相当大的不同，同一件危险的事情，有的人可能会万分小心，而有的人可能并不将其放在心上。

人们对危险的感知会受到下列因素的影响：经验水平；疲劳程度；对设备的熟悉程度；心理要素；位置；对其他人的认知；自身认识的局限性；领队使用的方法；对情况的认识；情绪；安全感；焦虑程度。

4. 户外运动需要做好管理工作

虽说在户外活动中的体验有诸多好处，但如果出现问题，就可能造成严重的损失。因此必须建立系统化的风险管理制度。目前，在大多数风险管理的著作中，风险管理中的"风险"基本上是指发生损失的可能性。应用风险管理的原理、程序和策略，把在实现某个项目的使命和目标时可能

发生的损失控制在可以接受的范围内，最终也自然会获得最理想的收益。在以下的描述中，我们也是这样使用风险这个词的，以使大家全面理解风险的概念，在分清风险与危险不同的基础上去理解风险管理中风险的含义。

例如，在一个项目中，参与者仅限于使用小刀和毛毯去搜寻食物和住处，这与使用帐篷、火炉，每天每人带上 1 公斤食物的自助旅行课程相比，能带给参与者更多的风险。人们不愿承受与前一项活动有关的风险，那是因为对于缺乏适当培训的初学者而言，在没有指导老师的情况下，参与其中某门课程安排的旅行可能会风险太大。培训和指导是风险管理中的重要组成部分，通过风险管理，可以更好地培养学生独立旅行和野外生存的能力。

风险管理的目标并不是追求绝对的安全，因为在登山户外探险活动中风险总是存在的。但通过影响危险因素中的动态因素，我们可以从安全控制的训练、积累经验、合理计划、提高判断力等方面不断提高活动组织能力和有效的风险管理能力。

在登山户外探险活动中，我们既要认识风险的特性，又要发挥风险的激发作用，同时也要设法尽量规避和减少风险伤害，即进行风险管理。风险管理中首先要认识到风险的存在，要考虑到参与者对风险的应对能力和承受能力。登山户外运动中的风险管理目标有三个：一是防患于未然，即规避风险，避免险情和损失的发生；二是使风险最小化，降低险情和损失发生的可能性，使不可避免的风险损失最小化到可接受的结果，通过合理的风险管理手段使结果可以被理解和接受；三是利用风险管理使活动收益更大。

二、系统风险管理的架构

（一）法律法规基础

（1）法律要求是由国家制定的强制性的要求。目前我国在登山户外运动管理上的法规仍很缺乏，有待行政主管部门尽快制定法规、政策和国家标准。

（2）行业标准和指导方针。这是一种强烈推荐的通常基于在业内已得到认可的最佳经验进行的总结。

（3）从业机构要建立自身的严格、严密的安全管理制度。这些制度要具体细致、便于执行。制度执行的状态和效果要与相关责任人的利害结合起来。

（二）信息资料的准备

1. 活动目的地的资料

关于活动目的地的自然环境和交通、医疗条件、救援力量等方面的资料，在出发之前一定要进行详细的了解。有关自然环境方面，要着重了解地理、地形、气候、季节、水文、自然灾害等方面的资料，努力做到知己知彼。

2. 国内的资料

中国登山协会于 2007 年底发布了内地首次登山户外运动事故报告书，针对我国户外事故发生的状态、原因、地区分布、防范措施等进行了详尽的统计和分析，具有很强的指导作用。

3. 其他国家的资料

目前几乎没有国际户外事故资料的比较，收集到的资料常与事实本身相冲突，因为资料收集方法不一致，也不完整。国家资料之间的比较有助于突出单个国家的事故发生的特点和趋势，这种比较也能够证实一个国家的事故资料是否适用于另一个国家。

4. 工业安全生产的资料

事故发生率研究表明，造成严重伤害的事故只是冰山一角。工业事故分析发现，每发生一个严重伤害或死亡的事故，同时至少有 10 个轻微伤害的事故、30 个造成财产损失的事故、600 个造成潜在伤害的事故（比例为1:10:30:600）。

研究表明，未造成伤害的事故比造成严重伤害的事故多，但绝不应该只重视少数的严重事故，因为从潜在的无伤害事故中会发现许多问题。

（三）从业人员（领队）的成长

领队是风险管理执行中的核心人物，其领导和协调能力、技术能力、

经历和经验，对风险形势的判断和决策等在风险管理和处理险情中起着实质性的关键作用，这一点是毋庸置疑的。因此从业机构在选择领队时一定要详细考察以下因素，慎重取舍。

（1）个人的综合情况：技术、执行力、经验等。

（2）持证上岗：领队要有通过认证的资格。

同时，由于领队所处的重要地位，从业机构不能只单方面地增加其承担的责任，也要给予关怀和支持，安排再学习的机会。

（3）完善风险管理方案。

风险管理计划，又称之为安全管理计划。制定风险管理计划有三个流程。首先，要确定活动的目的，并为实现预期目的而选择适当的活动项目和内容；其次，确定风险管理的策略，包括风险识别、风险分析、风险评估、风险控制手段等；最后，通过风险全程监控的记录，对风险管理计划在实施中的效能和问题进行总结评估，指出哪些风险已被有效化解，哪些风险未被识别或未使用正确有效的方法去控制和化解，从而为今后风险管理水平的提高，提出完善、改进的意见，使之更加全面、有效。

第三节　户外突发性自然灾害事故的自救逃生

突发性意外灾害事故破坏性强，危害严重，难以预防。无论是自然的还是人为的，都将对社会、家庭造成极大的影响。因此，掌握该类事故的自救是极其重要的。下面将介绍几种典型的灾害事故自救方法。

一、火灾中的自救逃生

火灾是指火不受人的控制在不该燃烧的时间或地点燃烧，最终导致人身或财产的损失。火灾是日常生活中最为常见的一种灾害，它的存在时刻威胁着公众安全，阻碍着社会发展。人类学会使用火是人类区别于其他动物走向文明的标志之一，但从火被人利用的那一天起，火灾也就随之而生，人类控制火的历史，也就是人类与火灾的斗争史。这数千年来，人类从未间断过对火灾的研究，通过各种经验总结其发生规律，力图将火灾发生次数及其危害程度降至最低。

在经济高速发展的现今社会，社会财富与日俱增，引发火灾的因素也随之增加，其造成的人员伤亡和经济损失亦呈上升趋势。

火灾具有普遍性、突发性、多发性、反复性和多变性的特点，它直接关系到人们的生命财产安全和社会的稳定与发展。由于人们缺乏防火安全常识和自我保护意识，防火与自救能力薄弱，因此，在火灾发生时发生伤亡的事故时有发生。

当火灾发生时，不要惊慌失措，应充分利用周边的消防设施扑灭，一旦火势无法控制，应立刻采用正确的逃生或避难方法，从正确的逃生路线撤离现场。

（一）火灾的预防

对于火灾，在中国古代，人们就总结出"防为上，救次之，戒为下"的经验，意思是说，预防为上策，抢救为中策，警戒为下策。这一思想对我们认识安全生产问题具有指导意义。中国消防工作的方针"预防为主，防消结合"，人人都应该自觉遵守消防条例，养成良好的防火习惯。如不随意乱扔烟蒂；躺在床上不吸烟；教育儿童不要玩火，应把火柴、打火机等放在儿童拿不到的地方；要在规定的区域和时间内安全燃放爆竹；外出时、睡前要熄灯；关闭液化气阀门等。

（二）火灾致人死亡的主要原因

总体来看，火灾导致人员死亡的主要原因有以下几点。

1. 有毒气体

火灾产生的有害气体中，毒性最甚的当数 CO。CO 吸入人体后即与血红蛋白结合成为碳氧血红蛋白，当人体血液中碳氧血红蛋白的含量超过 10% 时，就会发生中毒死亡。在火灾中的受害者遗体中可以检验出微量的氢氰酸和其他有毒物质。

2. 缺氧

大火燃起时，由于氧气的助燃作用，空气中的氧气大部分被消耗掉，所以火灾现场空气中的氧气含量远低于正常空气，同时空气中夹杂有呛人的烟气，所以火灾中的人极易缺氧而亡。

3. 烧伤

火灾现场灼热的火焰以及火焰燃烧产生的巨大热气流极易对人体皮肤造成巨大伤害，若皮肤烧伤面积过大则很难痊愈，易引发感染或其他并发症，导致受伤人员不治身亡。

4. 吸入热气

即使没有中毒和缺氧，处于火灾中的人吸入的灼热空气也会伤害到人体的气管和肺部，造成气管炎或肺水肿，严重时会致人死亡。

（三）火灾中的自救逃生方法

"大火是无情的。当发现自己被困在火场无法及时逃生时，我们应该保持冷静，不要消极对待。我们应该迅速观察火势和周围地形，并利用周边的有利物品找到一个安全的位置，尽可能地保护自己。这样可以为救援人员争取更多的救援时间，也为自己争取更多的生存机会。"学习火场逃生知识不能存在侥幸心理，一定要在平时安全时就做到熟知熟记，因为火灾一旦降临，那种紧张感很容易使人遗忘，只有平时非常熟悉才能在紧急关头应对自如。

1. 绳索自救法

如果发生火灾的建筑物不太高，而且你身边有绳索，可以将其拴在门、窗、栏杆或其他坚固的重物上，然后沿着绳索爬下。在开始之前，最好先用毛巾或手套保护好你的手部。下爬的过程中，请交替使用双手，同时要紧紧夹住绳索以确保稳固。

2. 匍匐前进法

火灾产生的有害气体大部分积聚在整个空间的上半部，故而逃生时应将体位降低，采取弯腰或匍匐状前进。但发生石油液化气或城市煤气火灾时，不应采用这种方式。

3. 湿毛巾捂鼻法

火灾产生的烟气多是高温高毒的，极易造成人员中毒或呼吸系统及肺部伤害，故而在撤离现场时多采用湿毛巾捂鼻的方法，此方法不仅可以过滤少量毒气，还能够起到降低吸入空气温度的目的。

4. 棉被护身法

将棉质被褥、大衣或毛毯等物泡于冷水中，取出后迅速裹于身上，按正确的路线迅速穿过火场到达安全区。

5. 毛毯隔火法

将毛毯等纺织物固定于关严的门上，之后不断向上泼冷水，这种方法可以在短时间内阻碍大火的蔓延势头，减少有害气体的侵入，为进一步逃生争取更多的时间。

6. 被单拧结法

家住高层，应准备一根逃生用的打结绳索，但是很多住户可能不会考虑这个问题。因此，一个有效的替代品就是利用床单、被罩或窗帘等撕成条或拧成麻花状，制作一根临时绳索，一端牢固地绑在能够支撑身体重量的物体上，一端从窗户延伸到地面，逃生时的攀爬动作参照绳索逃生法。

7. 跳楼求生法

这种方法不可轻易使用，在情况万分紧急时才可以考虑，当发现待在室内将比冒险跳楼逃生危险性更大的时候，住在低楼层的居民可采取跳楼的方法进行逃生，但不要站在窗户上就往下跳，应选择一种方法来降低自己与地面的高度，尽量减少落地时的冲击力，如有条件可以先将床垫和其他有可能起到缓冲作用的物品扔下。首先让孩子和老人逃生，让他们的脚先伸出窗外，抓住他们的手腕，尽量放低他们的身体，然后再放手让他们落在刚才准备好的缓冲物上。如果此时有邻居过来，则可以帮助接住孩子或安抚已经从窗户逃生的家人。

最后一个离开的人也应双手攀住窗沿，放低自己的位置，减少下落时与地面的距离。

落地接触地面时要屈膝缓冲，随之向冲力方向滚动，避免撞击力过大而受伤。滚动方法有两种。一是伞兵式滚动。这种滚动是用来防止高速猛力冲击坚硬地面时的伤害。方法是在双脚着地时尽可能地夹紧双腿和脚后跟，屈膝，手臂蜷曲，然后沿大腿和肩部滚动，让双腿自然摆动。二是背向滚动。在落地时没有横向的力和速度，只能用双腿承受全部的撞击力，但必须在这种力量冲击到脊椎之前想办法将其分散掉。因此在触地之前，应当微屈双腿。触地后屈膝缓冲，并向后倒地滚动，双臂尽最大力量拍击

地面，以减少撞击力对脊椎的影响。

8. 管线下滑法

若发生火灾的建筑物外墙有电线杆或避雷针引线，或者阳台旁边有电线杆，那么我们则可以借助这些管线下滑逃生，逃亡时应逐个进行，避免管线承重过大而造成损坏，否则，不仅会阻碍逃生之路，而且还有可能造成人员坠落。

9. 攀爬避火法

通过攀爬窗口和阳台的外沿等突出物来远离火场。

10. 楼梯转移法

如果大火从楼下燃起将逃生楼梯堵死，可以改变逃生路线选择向上爬至楼顶，进入其他单元的楼梯下楼逃生。

高楼起火时切勿乘坐电梯，由于大火常引起断电，如被困于电梯中，反而处于更危险的境地，而且人员在电梯里可能随时会被浓烟毒气熏呛而窒息。

11. 卫生间避难法

若所有逃生路线均被堵死，只能等待救援，那么应选择阳台、窗口或卫生间这些场所进行避难。可用毛巾或其他大面积的布料塞住门缝，不断泼水于地面和门上。切记不可藏于床底、橱柜和阁楼中，这些位置最为易燃，且极易积攒烟气。

研究表明，人体对高温烟气的忍耐是有限的。65 ℃时，人可短时忍受；120 ℃时，15 秒内会产生不可恢复的损伤；而 140 ℃时，只需大约 5 秒；170 ℃时，只需 1 秒。

若在冬天，着火层在较低的楼层，大约 3 分钟，走廊内的烟气温度便可达到 127 ℃，而夏季的时间还要更短。

因此，看到烟气正在向自己房间蔓延时，建议先封堵房门间隙，用湿毛巾捂住口鼻，暂时等待一下再出房门，这个过程大约 30～60 秒。

12. 火场求救法

如遇火灾，可于阳台、窗口或屋顶等与外界连通处，通过呼喊、敲击或投掷物品的方式与外界取得联系，光线好时可同时挥动鲜艳的物品，光线昏暗时可挥动白色布条或手电筒来达到呼救的目的。

13. 逆风疏散法

在火灾现场，我们应该注意观察风向的流动情况。通常情况下，应该选择向上风口的方向撤离，以减少火焰和烟气对我们造成的伤害。

二、水灾中的自救逃生

水灾不仅仅指常见的洪涝灾害，它有一个更广泛的定义。除了泛滥的洪水和长时间暴雨引起的积水之外，水灾还包括土壤水分过多的情况。只要这些情况对人类社会造成了伤害，就可以称之为水灾。水灾也是世界上具有较大危害的自然灾害之一，并且同火灾一样难以根除，一旦引发，就会对民众的人身安全及财产造成重大损失，对经济发展的危害更是不言而喻。所以对于水灾的防范与治理，被世界各国广泛重视。2010 年 4 月底至 5 月中旬，我国南方地区多次出现强降水过程，暴雨造成的洪涝灾害遍布广东、广西、湖南、湖北、江西、福建、四川、重庆、云南、贵州、安徽 11 个省区市，共计 1 600 万人受灾，直接经济损失超过 80 亿元人民币。

（一）水灾的特征

1. 季节特征突出

水灾主要集中在汛期，其中 6～8 月份发生的水灾约占全年山洪灾害的 80% 以上。

2. 区域特征明显

严重的水灾通常发生在河谷、湖溪沿岸以及低洼地带，尤其在暴雨集中的山区，由于雨势过大形成的地表径流冲击山体会引发山洪等灾害。

3. 水灾形成迅速

山丘区因其地势的特点，降水形成径流的速度会非常快，流速会相当大，有时仅短短几小时就会引发灾害，很难预防。

4. 水灾的破坏性较强

地表径流冲击山体，常常衍生出如崩塌、滑坡和泥石流这样的地质灾害，水灾还会造成一些其他后果，如造成公路运输中断，河流改道冲毁耕地和房屋，甚至造成人畜伤亡，其破坏性极强，严重危害了人们的身体及财产安全。

（二）预防水灾的措施

中国幅员辽阔，每年都会有一些地方发生大小不等的水灾。特别是在汛期，水灾会更加集中，因此我们应该更加关注，做好预防工作以防止洪水发生。根据多年的经验，以下是针对水灾所需的准备措施。

（1）应熟悉撤离路线，认清路标，明确撤离的路线和目的地，避免因为惊慌而走错路；应熟悉预警信号，多加关注洪水预警，及时获知周边水域的情况，如水面高度、若发生水灾将波及的周边区域等。

（2）一般在洪水发生前，会有充足的时间进行警戒，因为洪水的流速较暴雨形成的径流缓慢得多。一旦洪水预警响起，应先预估洪水的高度，然后于门外和窗栏外用沙袋垒起比之更高的防水墙，这种沙袋通常是将沙土、碎石和煤渣等装入编织袋或麻袋制成的。制作好防水墙后，关严门窗，再用旧毯子和棉絮将缝隙堵严。

（3）应做好相应的物资储备，如多备饮用水、罐装果汁、衣服及一些药品，包括感冒药、治疗痢疾的药和治疗皮肤感染的药等，这些均有助于提高避险成功率。

（4）应准备多种可用于联络的物品，一旦有危险情况发生，可用其传递信号。如手电筒、蜡烛、打火机等发光物，旗子或彩色衣服等鲜艳的布块，哨子或其他可以发声的物品，汽车也应加满油。

（5）应学会扎制简单的木筏，轧制材料可以从周围选取，只要在水中可以漂浮起来即可。如可以漂浮的木制品家具，像床柜、木箱、木梁、木质的桌椅板凳等；中空密闭的容器也可以，如可以盖紧的油桶和储水桶等。

（6）如长时间内大风和暴雨不断，则应提高警惕，应及时撤离到下游河道和低洼地区，选择地理位置较高的地区驻扎，应注意观察水位情况，如有危险及时转移。

（三）水灾中的自救逃生方法

如果水灾发生过快，来不及转移，应作如下处理：

（1）应保持镇定，立刻向最近的山坡、高地、楼房和避洪台等较高位置逃离，时间确实不够时可以爬上屋顶、楼顶或树顶暂避，联系救援人员来营救。

（2）如在房间内，应立即用沙袋等物堵住大门，防止洪水流入，最好的做法是将沙袋置于门槛和底层窗槛外。

（3）面对上涨的洪水，应在楼上也做好必要的储备，饮用水、食物和衣物这三样必不可少，如条件允许，应准备烧开水的用具。

（4）如情况严重，暂避之处已无法自保，应立即穿戴好救生物品，乘坐准备好的自制木筏逃生，如没有制好的木筏，门板和床板也可以，但应该用绳子将其捆牢，如没有绳子，可以将床单或被套撕成条状来代替。登上木筏之前，应先测试其是否能漂浮，应随身携带好饮用水、食品和发送信号的工具，离开暂避处之前，应多食用一些高热量的食物和热饮，关掉电源和煤气阀门，无法带走的财产也应收好。另外，离开时携带几根划桨也是必不可少的。

（5）如不幸被卷入洪水，应尽量抓住固定的或能漂浮的物品。

（6）如被困于洪水中，应迅速与所在地的防汛部门取得联系，告知方位和所遇的险情。千万不要自作主张妄图通过游泳的方式逃生，更不可以攀爬电线杆、铁塔和泥土房屋。

（7）如洪水引起高压线铁塔倾斜，或高压电线断开垂下，应立刻远离，避免触电。

（8）洪水退去后也不可放松，应积极配合政府做好防疫工作。

三、地震中的自救逃生

在我们生存的地球上，实际上地震并不罕见，年均次数高达 500 多万次。也就是说，每天都会有上万次地震发生。但是真正威胁到我们的很有限，因为大部分震级太小或发生地人迹罕至，我们感知不到。每年会对人类造成伤害的地震有一二十次。从唐山、汶川到玉树大地震，顷刻便使现代化的城市和乡村夷为废墟。因此，事先掌握一定的避震知识和方法，是非常重要的。

四川安州区桑枣中学的师生在汶川地震中无一伤亡，他们之所以能够做到这一点，关键是学校能将逃生技能贯穿在日常教学中，把握住了这珍贵的"万一"逃生机会。

（一）地震前兆

地震是由于地球内部长期积累的能量突然释放出来，从而引起地球表层的震动。迄今为止，人们对地震还没能完全认识，而所谓前兆与地震的对应往往也是经验性的，尚未找到一种普遍适用的可靠性。只能是在一定条件下作出一定程度的预报，这也是地震对人类产生重大损害的原因之一。

地震发生前，在自然界中会发生与地震有关的许多异常现象，之所以说是异常现象，是因为这些现象的发生是有悖常理的。例如，一些花居然在冬季发芽、开花甚至结果，或者一些植物突然间大规模枯萎或生长异常茂盛；有地声、地光、地雾、地动或地鼓等异常的地面现象发生；日光灯未开自明，收音机突然失灵，电子闹钟时快时慢等异常电磁干扰出现；发生泉水突然喷涌或断流，井水变色变味或突然冒泡翻花，正常的地面突然出水、冒沙或泥等异常的地下水状况；许多动物的某些器官感觉特别灵敏，当它们感知到这种异常的声波时，会发生异常的过激反应，如鱼儿跃出水面、本应冬眠的蛇出洞、狗吠不止、猪牛等牲畜跳圈。

（二）地震的自救逃生方法

地震后，首先要做的事就是自救和互救，这样可以为自己和他人赢得更多的生机。若在废墟中发现伤员，第一步是确定其头部位置，然后尽快使其头部露出地面，之后是胸腹部，先保证其呼吸顺畅，如被救人员已窒息，应立即实行人工呼吸。切记整个施救过程应轻且快，绝不能生拉硬拽。

1. 地震逃生十原则

（1）躲在桌子等坚固家具的下面。震动持续时间约 1 分钟，这时应把保护自己和家人的人身安全放于首位。应迅速躲藏于较低且坚固的桌子下面，两手抓紧桌子腿以固定自己身体，若没有适合的藏身之处，或来不及藏身，请务必用抱枕或坐垫等物保护好头部。

（2）地震时立即关火、灭火。大地震时，道路损坏，不能指望消防车来灭火，因此，此时及时关火灭火，将在很大程度上降低地震带来的灾害。一旦失火，家人和邻居一定要团结起来，积极进行早期灭火，因为初期火灾在 2 分钟之内通常是可以扑灭的。为了能及时灭火，日常生活中请在易着火的场所附近放置足够的灭火设备。

（3）不要慌张地向户外跑。震后撤离时，切勿慌张，应仔细观察四周，确定好安全的撤离路线。远离水泥预制板墙、自动售货机等易倒塌的危险物体，用较软物品保护好头部，注意躲避撤离路途中掉落的碎玻璃、碎瓦片等。

（4）将门打开，确保出口。地震带来的剧烈摇晃会使门窗错位，甚至无法打开，为避免被封死在屋内，地震时尽量打开门，如无法做到，也应提前准备好其他逃脱手段，如应于屋内备好梯子和绳索等。

（5）保护好头部，避开危险处。地震带来的剧烈晃动，会使人们难以站稳，通常人们会下意识地抱住或倚靠身边的门柱或墙壁，但其实这是非常危险的行为，因为他们并不像平时看起来那般牢固。早在 20 世纪 80 年代末时，于日本宫城县发生的地震，就有多人因门柱或墙体倒塌失去生命或受到伤害，因此在地震中一定要注意躲避这些危险。若发生地震时身处繁华的楼区或街道中，一定要当心从高空坠下的玻璃或广告牌，最好用较软的物品或手保护好头部。

（6）依工作人员的指示行动。在人多的公共场所，如发生混乱，将使地震带来的危险进一步升级，故而一定要按照所在场所工作人员的指示行动。地下通道的危险度较低，也有相当好的应急照明系统可以应对断电，所以请不要慌张，即使有火灾发生也要依照指示，放低身姿，有序撤离。

（7）汽车靠路边停车。发生地震时，汽车将很难驾驶，震动将导致无法掌握方向盘。此时应立即将车子停在路边，让开紧急疏散通道，并远离十字路口，停放位置切勿影响救援车辆通过。必要时，应下车和大家一起撤离或帮助他人，只关好车窗，不要锁住车门，钥匙也应该留在车上，方便需要的人使用。

（8）注意山崩、落石或海啸。当地震发生时，一定要远离山边，避免山崩或山边落石对自己造成伤害。如果身处海边，一定要警惕海啸的发生。应当多多关注电视或收音机传递的信息，无论在什么地方，都要及时转移到安全的地带避难。

（9）避难时要徒步，少携带物品。火灾这种灾害也常伴随地震而发生，对人们的人身安全造成了更大的威胁，故应及时采取措施予以避免，一般

情况下会以街道为单位，在防灾组织的负责人或警察的带领下，以徒步的方式进行避难。去避难时只带必要的物品即可，一定不要使用交通工具。

（10）不听信谣言，不轻举妄动。地震的发生会使人们产生极大的心理恐慌，每个人都应该通过收音机等设备，听从并相信政府的安排，绝对不可以轻信谣言，更不要依据谣言行动。

2. 地震发生后自救的方法

第一，震后如果被埋一定要沉着，最重要的是树立生存的信心。

第二，稳定下来，设法脱险。

第三，想办法与外界取得联系。不要大声呼救，如周围有他人，可以通过敲击的方式来发出信号。

第四，若不能与外界取得联系，也不要放弃，要尝试自行脱险。

第五，若暂时无法脱险，也不要失去耐心，切勿大喊大叫和做多余的行动，应搜寻周围的食物和水并节约使用，以延长自己的生命，等待救援。如果受伤要想办法包扎。

3. 震后互救的方法

第一，先救近处的人。

第二，先救青壮年和医生等专业人员，这样可以让他们在救灾中发挥更大更好的作用。

第三，先救容易救的人，这样可以加快救人速度，尽快扩大救人队伍。

第四，在面对灾害时，最重要的是先救生，然后再救援其他人。例如，在唐山大地震期间，丰南区的一名妇女采取了一种独特的救援方法。她在发现被埋的人时，首先确保他们的头部能够呼吸（能够生存），然后迅速转去救援下一个人。这种方法让她在短时间内成功救出了12个人。

第五，扒挖时，当被救人员距离较近时，切勿使用利器；扒挖时注意分辨哪些是支撑物，哪些是一般的埋压物，不可破坏原有的支撑条件，对人员造成新的伤害。扒挖时应尽早使封闭空间与外界沟通，以便新鲜空气注入；还可先将水、食物或药品送入以增强其生命力；扒挖过程中灰尘太大时，可喷水降尘，以免被救人员窒息。对难以扒挖者，可作一个记号，从而有利于专业救助人员施救。

4. 防范余震的措施

经历过地震的灾区群众应该对余震有一定的心理准备，能根据当时所处的位置选择相应的应对措施。最重要的是不要惊慌失措，应稳定情绪，避免挤伤和踩踏事件发生。余震发生时，若在家中，应立即关闭电器和天然气的阀门，迅速躲入如厨房或卫生间这样面积小的房间；若在学校，应有序撤往较开阔地区，切勿跳楼；如果在路上行走，应立即用背包、厚衣服或手护住头部，跑向较空旷地带，躲在电线杆旁或围墙下是十分危险的。

5. 电梯的使用方法

乘电梯时遇到地震，乘客应保持膝盖弯曲，并将整个背部和头部紧贴电梯内墙，呈直线状；如电梯有扶手，最好能够紧握扶手，尽量将自己与电梯固定，以减少可能发生的坠梯而对身体造成的伤害。

6. 高楼层居民自救方法

第一，在地震发生时保持镇定，并寻找安全的户外区域。这种避震方法被国内外的大多数人所认可。根据研究数据，地震发生时，进入或离开建筑物的人是最容易受到伤害的。

第二，避震位置相当重要。在楼房中避震，一定要参照建筑物的整体格局，还要考虑房间内的其他状况，选择安全的躲避位置，最优的选择是躲入一个三角空间。

第三，近水不近火，靠外不靠内。

四、海啸中的自救逃生

海啸是一种具有强大破坏力的海浪。这种波浪运动引发的狂涛骇浪，十分骇人，波涛高度往往高达数十米，像一堵巨大的"水墙"。这堵"水墙"在极大的动力推动下，一旦冲上海岸将损毁它所及的一切生命与财产。

海啸通常是由海底地震或沿岸山崩及火山爆发引起的。一般震源在海底之下 50 千米以内且震级在里氏 6.5 级以上时，就会引发海啸。一旦发生震动，巨大的震荡波就会在海面上以圆圈形式向周围传播，其波长甚至大于海洋的深度，以至于海底不能对其产生多大阻滞，所以波的传播与海洋深度无关，无论如何都会传播到很远的地方。

现阶段，人类对地震、火山和海啸这种自然灾害的研究，只停留在通过观测来预防的层面上，完全不能控制它的发生。

第四节 针对户外突发性治安事件的应对措施

一、遭遇绑架劫持的应对措施

当前中国社会稳定，经济发展，但是社会治安形势依然十分严峻，特别是绑架劫持人质、抢劫等刑事暴力犯罪事件仍有发生。对此，应掌握一些应对常识，保持镇定，不要恐慌，这样才有脱险的可能。

（一）绑架劫持事件的类型与特征

根据对人质的控制方式可分为两类。

1. 绑架案件

这是指犯罪嫌疑人以秘密或公开的方式控制人质并将其隐藏，通过各种信息传递方式和第三方沟通，并以人质生命安全相威胁，以期实现自己的犯罪目的的刑事案件。这类案件中，犯罪嫌疑人多以隐匿方式非法扣押人质，以达到某种政治目的或勒索钱财的目的，且经过精心预谋。

此类案件的特点是绑架人质场所的隐秘性，采用手段的多样性，犯罪分子行为的狡诈性。

2. 劫持案件

这是指犯罪嫌疑人在公开场合以暴力手段控制人质，并公然与第三方（人质关系人）对峙，以人质生命安全相威胁，以达到其个人发泄私愤、逃避打击或经济利益等目的的刑事犯罪。这类案件劫持者和人质地点相对明确，犯罪嫌疑人的犯罪目的性比较复杂，案件发生既有预谋性的，也有突发性的。

此类案件的特点是劫持人质的形式具有公开性，暴力对抗性强，发生案件的情况复杂。

（二）绑架劫持事件的处理方法

犯罪分子采取绑架人质的行动，一般都是事先预谋好的，他们丧心病狂，为达到目的不择手段。所以，一旦沦为人质，切勿莽撞行事，应牢记以下几点。

第一，切勿过度紧张，注意保存体力和精力。通常的劫持事件都很难得到快速解决，双方会僵持较长时间，而且事情的进展也难以预测，对被劫持者的身体和心理都是一种煎熬，所以若被劫持，一定要保护好自己，保存好体力和精力才有获救的机会。

第二，应沉着冷静，在保证自身安全的情况下，观察犯罪嫌疑人，寻找其弱点。一般在发生这类犯罪时，犯罪嫌疑人精神亢奋，一定时间后注意力和判断力均会下降，容易露出破绽和弱点，作为人质应通过其语气语调和用词等，寻找犯罪嫌疑人的弱点，一边留意犯罪嫌疑人的行动，一边寻找可以传递信息的机会，尽量将其信息传递出去。

第三，一旦遭遇绑架，应坚信自己会被解救，切勿鲁莽做无用反抗，否则很有可能激怒犯罪嫌疑人，危害到自身生命安全。在莫斯科剧院的劫持人质事件中，就有这样的情况发生。只是因为某一人质精神崩溃，作出了不当行为，最终导致恐怖分子对全体人质实施了残忍的报复。若在被劫持中发生爆炸，一定不要四处乱跑，应双手抱头原地趴下。

第四，若被劫现场发生毒气泄漏，应就近寻找湿布捂住口鼻，采用挥动手臂或挥舞衣物的方法来引起搭救人员的注意，切勿大声呼救，否则会导致大量毒气进入身体，更加危险。获救后应立刻主动到特定的地方去消毒，以除去身上残留毒气。

第五，如劫持发生在商场、剧场等空间较大的公共场所时，被劫持人员可能相当多，被劫持的时间也可能相当长，所以一定要约束好自己的行为，防止对他人造成危害，也避免给营救人员的营救行动造成阻碍。

第六，当被解救后，应按照营救人员设定的路线陆续离开现场，切勿相互拥挤或随意走动，以免产生踩踏事故或因误闯误触而引发其他不必要的危险，因为现场有可能还存在嫌疑犯遗留的爆炸物。

除上述应注意的事项外，还应该牢记八点"不要"。

第一，无论是被劫持时还是被解救之后，都不要随意乱碰劫持现场的任何物品，因为恐怖分子有可能会在现场布置了隐蔽的毒气或爆炸装置。

第二，不要过于自信——能够与犯罪嫌疑人协商谈判，以免激怒他们，

对自己或他人造成伤害，因为这些人通常不按常理出牌，行动毫无逻辑性。

第三，不要以任何方式对犯罪嫌疑人进行威胁，因为他们可能并不会在意。

第四，不要将老弱妇孺放于人质最前面，更不要出卖同伴，妄图博取犯罪嫌疑人的同情。这是幼稚可笑的行为，只会助长其嚣张的气焰。

第五，不要意气用事，靠个人蛮干是无法战胜绑架实施者的，更不要使自己的行为失控，以免对其他人的生命造成威胁。

第六，当营救警犬靠近你时，不要慌张害怕，因为他们都经过专业的训练，绝对不会做出伤害人质的行为。

第七，当与亲人朋友一起被劫持时，被救撤离应遵循营救人员疏导，不要过分担心自己的亲人，因为营救也是按原则一批一批进行的，通常从建筑外侧向内侧进行，先营救老人和儿童，然后才是成年人。

第八，出行时不要忘记携带身份证件。如遇挟持，这些证件有助于证明你的身份。营救人员在安排人质撤离时，通常会挨个盘查，以防止犯罪嫌疑人混入人质队伍。

二、遭遇抢劫时的应对措施

抢劫是以暴力、胁迫或其他方法强行抢走财物的行为，具有十分恶劣的社会影响和极大的社会危害性。若处理方式不得当，则很可能转化为其他更加恶劣的案件。

抢劫案多发生于夜间或人烟较少的地区，如黑暗路段、门洞中、地下通道或公共厕所内、立交桥上、花园、树林或海滨公园内。作案形式也有不同，有的是一人单独作案，有的是几人结伴作案。

遇到抢劫时，不要惊慌害怕，注意观察周围的环境，分析判断劫持者的人数和实力如何，之后再根据当时的情况选择正确的应对之策。

有能力时应尽量反抗，进行正当防卫。经判断确定自己有反抗的能力时，应迅速抓住时机，搜寻身旁的石头、砖块、棍棒等物品充当武器攻击抢劫者。不用担心，因为正当防卫是被法律所认可的。《中华人民共和国刑法》中就有明文规定，对正在实施抢劫、杀人、绑架、强奸、纵火、爆炸行为人，公民可正当防卫，造成对方伤亡不追究刑事责任。

当能力不足处于下风或无力反抗时，可以适当地交出一些财物，仍可以选择利用语言进行反抗，镇定地告知作案者其做法将造成何种后果，或可导致其放弃作案或心理上的恐慌。绝对不要一再示弱，助长作案人的气焰，只要清楚表明自己并不想反抗且已经依要求交出了所有财物即可，同时寻找时机进行反抗、求助或迅速逃离。

除直接反抗的行为外，还有一种间接反抗法，即求助作记号。具体来说就是可以寻找时机报警或发出其他求救信号；可以故意在作案人的衣服或身上留下印记，可以利用身边的泥土和血，也可以趁其不备，将一些标志性的小东西放入作案者的衣物中；犯罪嫌疑人逃离时，应注意其去向，如条件允许，可一边报警一边悄悄跟踪。

应多留意作案人自身的特征，如身高、体态、年龄、衣着、发型、胡须、疤痕、语言、行为等，如果他还使用了交通工具，应尽量记下其大小、型号、颜色和车牌号码。

尽量寻找机会呼救，或与作案人周旋时可故意提高音调以引起附近行人的注意，为自己争取更多的被救机会。遭遇抢劫时，应具体情况具体分析，灵活运用上述方法，为制服歹徒，保护自己人身和财产安全争取更大的机会。

第四章　高校户外运动训练理论教学

本章为高校户外运动训练理论教学，详细论述了高校户外运动课程教学的必要性及课程教学的理论、高校户外训练课程教学的特点及模式、高校户外露营装备指导教学。

第一节　高校户外运动课程教学

一、开设高校户外运动课程的必要性

在高校开设户外运动课程有一定的必要，具体来说，主要体现在以下四个方面。

（一）符合高校体育课程改革的实际需要

近年来，由于高校的扩招，学校运动场地和运动器材都出现了不足的情况。尽管各高校已经尽最大能力改善体育场地和体育器材配备，但由于学生人数增长远大于改善的程度，因此，场地面积和器材的数量都不能使学生和体育课的需求得到较好的满足。这往往会导致许多体育课程不好安排，尤其是对于那些学生较为喜爱的体育项目，可能会出现无法开设的情况。

另外，尽管高校体育课程已经进行了多次改革，但是，都没有从根本上取得实质性的突破，比如，只是局限于教学模式和运动项目的改良，没

有在体育课程资源开发方面进行彻底改善等，从而导致不能从单纯竞技体育教学的怪圈中彻底走出来，也不能将学科中心主义和竞技体育的思想完全摆脱掉，进而导致学生学习的兴趣得不到有效提高。

在这样的背景下，户外运动被引入高校体育教程，这使得体育课堂的教学场所由校园搬到了大自然中，也将传统的跑、跳、走、投、攀爬、跨越等基本体育技能充分地融入到社会中，融入到大自然中，从而使传统体育课堂封闭的格局得到了有效的突破。由此可以看出，高校户外运动课程具有开展形式灵活、方法多样、贴近生活、场地要求低的显著特点，是目前高校体育运动场地不足这一现状的有效解决方式之一。因此，高校户外运动课程的开展是符合高校体育课程改革的需要的。

除此之外，高校户外运动课程的开展还与高校体育课程改革的发展趋势相符，这主要体现在：户外运动不仅将传统体育课中主要由老师到学生的单向传授技能的弊端彻底地消除了，而且还将其优化为较科学的师生互动的双向学习模式，这使得学生的自主性、主体性、自由选择性等得到了充分的体现，从而也使得学生参与体育课程学习的积极性和兴趣性得到了较大程度的激发和提高，有利于体育课程的顺利开展。

（二）符合高校实施素质教育的需要

在传统的定义中，人才通常指的是在某个领域有高水平专业素质的人。然而，从现代的角度来看，人才的概念已经不再局限于此，而是更加广泛地涵盖了多个方面的素质。现代定义中的人才要求不仅具备出色的专业素质，同时还需要具备良好的思想素质、人文素质和审美素质。特别是在创造力、身心素质和人际交往素质等方面，人才应该达到较高水平。

经过相关调查，发现传统体育教学项目在高校中对学生的创造素质、身心素质和人际交往素质的培养效果并不理想。相比之下，户外运动在这些方面起到了显著作用。

首先，户外运动的独特特点使其能够促进学生的身心健康，并激发他们的创造灵感，从而有效提高他们的创造素质。

其次，户外运动在特殊的户外环境下进行，可以锻炼和培养学生的心理品质，有助于他们全面发展个人素质，对提升学生的身心素质具有积极作用。

此外，户外运动通常以集体的形式进行，为学生提供了体验集体生活的机会。通过沟通和交流，学生能够更好地了解自己、他人和社会，建立起良好的人际关系，为将来融入社会打下坚实基础。综上所述，高校户外运动课程的开设，不仅能够使传统体育教学项目的不足得到较好的补充，而且还能作为重要手段来进行高校素质教育。因此，将户外运动作为高校体育运动课程和教学内容是正确的，是有必要的。

（三）符合普通高校体育课程目标改革的需要

在《全国普通高等学校体育课程教学指导纲要》中，有五项体育课程目标被提出，此外，还重点指出：高校应开发自然资源，通过户外运动来完成普通高等学校体育课程目标。由此可以看出户外运动所具有的重要性。

高校户外运动教学的开展是以"以人为本，健康第一"的教育理念为主要指导的，因此，应当充分体现学生的自主性，并且以学生的兴趣为主要依据，积极调动学生参与户外运动课程的积极性和主动性，以期能够尽可能好地实现高校体育课程标准中的目标。

1. 达到运动技能领域的发展目标

户外运动教学的主要特点在于将传统体育运动场地搬到了大自然中。另外，内容新颖，吸引力强也是户外运动教学的重要特点，如户外运动中经常会用到的打绳结技能、攀爬技能、野外定向技能、钻木取火、野营扎帐技能、挖灶埋锅技能、搭绳过涧技能、山涧速降技能等，都是学生应该掌握的基本技能。这些对于学生运动技能的增强和高校体育课程标准中的运动技能领域目标的实现，都具有积极的推动作用。

2. 达到身体健康领域的发展目标

由于户外运动难度较大，许多项目对人的体能具有较高的要求，因此，为了能够适应户外运动中远途跋涉、攀登、爬越及朝夕气温的变化和不同地域的气压变化等状况，要求学生在参加户外运动之前要进行一定的体能训练，具备一定的体能基础。而这些体能训练对于学生整体身体素质的提高、良好锻炼习惯的养成、终身体育意识的培养等都有重要意义。因此，户外运动教学对高校体育课程标准中的身体健康领域目标的实现也有重要的推动作用。

3. 达到心理健康领域的发展目标

大自然是户外运动教学的场地，所以教学过程中往往会出现各种不确定情况的发生，比如天气、气候的变化等。这就要求学生时刻保持沉着、冷静的心态去适应或者应对这些情况。因此，可以说户外运动对于学生心理承受力、耐受挫折能力、独立处事能力的提高，心理品质的拓展，勇于探索、克服困难的意志品质的培养，良好个性的塑造等都具有积极的推动作用。因此，良好的户外运动教学对于高校体育课程标准中的心理健康领域目标的实现意义重大。

4. 达到社会适应领域的发展目标

在高校户外运动教学中，通常都是以集体的形式进行的，可以是班、组，并且在集体中，每个人都担任着不同的角色，承担着不同的责任。在这个小的集体中，大家要相互帮助、相互照顾，团结一致完成户外运动教学中的任务。当前，有些学生往往以自身为中心，从不为他人考虑，通过户外运动教学，能够改善这一状况，使他们逐渐学会关心他人，学会和他人和谐相处，从而体会到集体生活的乐趣和温暖。由此可以看出，户外运动教学有利于团队精神、相互协作精神的培养，也有利于提高学生的社会交往能力。因此，户外运动教学对于高校体育课标中的社会适应领域目标的实现具有积极作用。

（四）符合现代学校体育教学理念的建设需要

随着素质教育和体育教育的不断推进，高校体育教育改革也得到了不断深化。高校体育教育改革的重要特点是培养学生的综合素质和全面发展学生的个性。将户外运动作为普通高校体育教学的内容，不仅能够使时代的特征得到全面反映，而且还能够将现代学校体育教学的理念充分地体现出来。

1. 人文性理念

户外运动是高校体育教学的必要组成部分之一。通过户外运动教学，可以促进学生身体健康，并培养他们在面临困难、挫折和失败时不畏惧的精神，同时激发他们勇于竞争、奋力拼搏的意识，以及自我超越的精神。

这有助于提高学生的合作与协作意识，培养他们积极团结的态度。因此，可以说户外运动教学充分体现了学校体育的人文性理念。

2. 主体性和选择性理念

户外运动课程之所以能够开展起来，与其重要基础是分不开的，具体来说，主要包括尊重学生的人格、承认学生的个体差异、重视学生的个性发展。另外，户外运动课程还以学生的体育爱好、兴趣和特长为主要依据进行相应的教学，使课程完全满足学生的身心全面发展的需要。由此可以看出，户外运动教学使学校体育的主体性和选择性理念得到了充分的体现。

3. 开放性理念

户外运动课程的开设，打破了高校体育教学只在校园开展的局限性，使学校体育课程的时间和空间得到了充分的拓展，也使学校体育教学改革的思路得到了开拓。将现代学校体育的开放性理念充分体现出来，是户外运动教学的最大特点。

二、高校户外运动课程教学的基础理论

户外运动作为高校素质教育中的一门全新课程，可以有效提高学生的身心健康水平，促进学生各方面素质的全面发展。高校户外运动是一门具有很强综合性的课程，它的学科跨度较大，包含了教育学、心理学、社会学、管理学、学校体育学以及安全求生等不同学科的知识。高校户外运动课程的理论体系也是以这些不同学科的知识体系为基础，进行相互融合和分配才形成的。当然，各高校开展户外运动课程目的的不同，也会使户外运动课程的具体教学侧重点存在一定差异，例如，一些高校开展户外运动课程侧重于学生心理健康的发展，一些高校开展户外运动课程侧重于学生身体健康的发展，而还有许多高校开展户外运动课程主要是为了提高学生的社会适应能力等。因此，我们要加强对高校户外运动课程教学理论的研究，通过科学的分析和总结，对其基本理论进行梳理，帮助各个高校根据自身的发展特点，来选择适宜户外运动课程发展方向，同时也为其具体的教学目标、内容和方法提供充足的依据。

（一）户外运动课程教学的教育学基础理论

高校开展户外运动课程的核心功能就是对学生进行全面的"健康教育和素质教育"，它是学校教育系统的一个重要组成部分，因此其基本的课程内容和教学理论应符合学校教育系统的基本要求，进行教学理论的研究也应在学校教学研究的整体范畴之内。也就是说，教师在进行户外运动课程的教学理论研究时，可以将教育教学中一些具有针对性的教学研究结果作为基本的理论依据，来进一步地完善和发展户外运动课程的理论体系。例如，在研究户外运动关于教育目的、内容、方法、基本途径、形式、相互之间关系以及教育本质、过程、主体、制度、管理等方面的问题时，都可以通过教育学的研究成果来进行系统的分析和总结，选择出针对户外运动发展特点的理论研究依据。

在高校户外运动课程教学中，教育学理论对其产生的影响主要体现在为整个教学理念的形成提供研究范式和理论依据。通过现代教育学理论的转变，改变学生以往被动接受知识和机械化记忆所学内容的形式，构建起一套体验式的新型教学理论，使知识在学生之间进行相互传递，并通过不同形式的思考、分析和总结，最终实现知识技能的延伸和新发展。这些在高校户外运动课程中也经常会得到体现。例如，通过小组的形式来完成同一户外项目，不同小组的学生会在讨论过程中形成独具特色的完成方法，在完成过程中，各个小组可以做到相互学习和补充，这样也就实现了所学知识的相互传递和延伸。

（二）户外运动课程教学的心理学基础理论

由于高校开展户外运动课程教学的主要目标就是促进学生身心健康的有效发展，因此，在教学过程中，不管是教学的组织活动、环境的设计、教学的内容还是教学模式，都具有较强的心理指向性。这也体现出了心理学理论在高校户外运动课程教学中的重要作用。在高校户外运动课程教学的心理学理论中，主要包括有归因理论、态度理论、目标设定理论和社会学习理论。

1. 归因理论

归因理论是组成心理学理论的重要部分。归因是个体对他人或自己的行为进行分析、解释和推测其原因的过程，它主要是通过对个体的外部行为特征进行解释和推断而得出发生其行为的主要原因。在归因理论中，主要包括以下几个方面的内容。

（1）心理活动的归因。主要指个体心理活动的产生应归结为何种原因。

（2）行为归因。主要是指根据个体的具体行为和外部表现，来对其心理活动进行推测。

（3）对个体未来行为的预测。主要是指以个体以往的行为表现，来对其今后在一定情境下会产生怎样的行为进行预测。

2. 态度理论

在高校户外运动课程教学中，态度主要是指学生在对某一特定对象的认知、评价和价值判断过程中所产生的一种心理倾向。态度主要由认知、情感、评价以及意向等要素构成，它的对象可以是人，也可以是某一具体的事物，还可以是抽象的概念。在态度理论中，认知是其构成的基础，这主要是由于学生的认知会对其行为意向产生一定影响。评价和情感则是态度理论的核心，它们是学生形成行为意向的关键。而意向是个体态度的最终表现形式，它可以对学生的情感反应进行直接的体现。

3. 目标设定理论

在高校户外运动课程教学中，目标是教师根据学生的具体情况，所制定出的特定行为标准，它的主要特征表现在方向和强度上。教师所制订的每一个教学目标都会具有一定的倾向性和针对性。而经过相关的实践研究发现，科学合理的目标可以有效地激发学生的身心能量，增强学生面对挑战性目标时的自信心。明确的目标还可以提高学生注意水平，使学生能够将心理和行为都集中在练习任务的完成上。学生在合理目标的指引下，可以培养其不怕困难和挫折的坚毅品质，即使在面对挫折时，也能保持对学习的清醒认识，继续朝着预定目标的方向而努力。目标的重要性也提醒教师在高校户外运动课程教学中要重视目标设定理论，在进行目标设定时，要做到明确、具体且具有挑战性，要做到长期目标与短期目标的有机结合等。

4. 社会学习理论

社会学习是一项具有较强指导性的心理学理论，它主要是指个体以其他社会个体为榜样，来进行的一种学习过程。社会学习理论认为各种成功或受到奖赏的行为是可以再次发生的，个体会在此理论的引导下不断学习那些以往成功的经验和具体的行为，以取得同样的成功。在高校户外运动课程教学中，社会学习理论的指导作用主要可以从"自我效能"和"观察学习"两个方面来进行体现。

（1）自我效能感

自我效能感主要是个体对自身能力的一种认识，它并不是指个体所具有的技能如何，而是针对个体自身在面对某项任务或工作时，对自己能力所表现出的一种自信度。而在户外运动中，个体的自信度是完成运动的重要前提，只有相信自己一定能够达到目标，个体才能在过程中更加积极自信，才能取得较为理想的完成效果。

（2）观察学习

个体的学习过程常可分为直接经验学习和间接经验学习两个方面。其中，直接经验学习是指个体通过具体的实践来获得知识和经验的过程。而间接经验的学习则大多是通过个体观察和口头传授的方式来获得知识和经验的过程。相比于直接经验的学习，间接经验的学习更加迅速和便捷。而观察学习是一种重要的间接经验学习手段，它可以有效提高学生的学习效率。通过观察他人的学习方式、人际交往和学习状态，学生可以及时获取有益的知识和经验。

（三）户外运动课程教学的社会学基础理论

社会学理论所包含的研究内容有很多，例如经济、社会结构、政治、人口变动、民族、城市、家庭、信仰、宗教、现代化、历史等，社会学的研究是从整个社会出发，通过社会关系和社会行为来研究社会的结构、功能、发生、发展规律，是一门综合性非常强的学科。社会学理论的发展速度非常迅速，也得到了广大学者更多的重视。如今，像人类组织、社会互动、群体等方面都成为社会学研究的重点，并逐渐朝着研究社会结构微观层面的方向发展，例如，种族、社会阶级、性别及家庭等。

　　由于个体都具有一定的社会属性，因此，高校户外运动课程教学也同样会与社会产生一定的联系。教师和学生都需要在一定社会规律的制约下进行户外运动的教学与学习。在社会学理论的引导下，高校户外运动课程教学可以实现对主体进行社会化教育的目标。

（四）户外运动课程教学的管理学基础理论

　　在高校户外运动课程教学中，对教学组织的有效管理是整个教学过程顺利进行的基础，这就需要将管理学的理论体系合理地融入到户外运动教学中。例如、教学计划的制定、组织协调、教师的领导力、过程的控制以及团队理论等都属于管理学理论的基本体系。

　　自从户外运动课程进入高校教育体系后，其融入了大量的管理学知识，如时间管理、目标管理、安全管理等，其重心也从如何快速掌握一门运动技能上升到提升学生综合素质的全面发展上。不同的院校根据各自不同的情况、学生的综合能力和户外运动场地的安全系数等，在课程教学内容和着重点上可能有所不同，但户外运动所必需的基本管理学知识依然是教学重点。其中，计划能力、决策能力、沟通能力、应变能力等各项管理意识的教育和锻炼，将是高校综合人才培养的重点。

（五）户外运动课程教学的学校体育学基础理论

　　户外运动课程作为高校体育教育中的一部分，必须在其教育大前提下发展，不管是教学目标，还是教学组织形式，都要以学校体育教学的具体情况为前提，实现教学资源的最大化利用。学校体育作为发展学生身心健康的重要手段，其基础理论同样会对户外运动教学产生较大影响，它可以有效引导户外运动教学目标的确立，树立起培养学生积极参与和掌握运动技能学习方法的科学目标，有效促进学生身心健康水平的提高，最终将学生培养成具有较强社会适应能力的高效人才。因此，学校体育教学理论中的保健知识、生理健康知识以及具体的课堂组织形式等方面的理论，都可以成为高校户外运动课堂教学的理论基础。

　　综上所述，高校户外运动课程教学的理论基础内容较为丰富，它包含了几乎所有与户外运动教学内容相关的各种学科理论。高校教师在进行户外运动课程教学时，应严格按照其基础理论的要求来进行教学设计，只有保证整个教学的全面性和针对性，教师才能在教学中做到有的放矢，更加有效地提高学生的户外运动水平。

三、高校户外运动类体育课程教学的实施与发展

（一）高校户外运动类课程教学组织与管理的基本概念

户外运动和其他体育运动不同，具有更高的挑战性。因此，高校户外运动类课程教学组织与管理应比其他体育运动课程教学组织与管理具有更高的要求。

从户外运动的生产、发展历程来看，户外运动经历了从流行化到大众化这一发展过程，社会发展的需要是户外运动类体育课程教学组织与管理的重要参考依据。从我国当前高校户外运动类体育课程教学现状来说，户外运动类体育课程教学的组织与管理还处于尝试阶段，很多组织管理方式、方法等都是从传统体育课程教学中挪用过来的，在很长一段时期内，高校户外运动类体育课程教学都将处于探索阶段。当然，要使户外运动类体育课程教学的组织与管理有所突破和创新，就必须抓住当前高校户外运动类体育课程教学中的矛盾，认真分析并逐一进行解决。高校户外运动类体育课程教学中的矛盾主要有以下两个。

（1）师生关系。师生关系是高校户外运动类体育课程中教与学的关系。在高校户外运动类体育课程教学中，小团体教学中，教师对学生的组织和管理非常重要。在教学中，教师必须是教学的引导者，同时突出学生是学习的主体，尊重学生的个体特征，营造良好的课堂教学氛围，促进师生关系的和谐和融洽。

（2）学生需求。在高校户外运动类体育课程教学过程中，学生的需求是多种多样的，如健身、探险等。就目前我国高校户外运动类体育课程教学的发展形势来看，教师的教学往往是单一的、笼统的，不能充分照顾到每一个学生的运动需求。此外，由于高校户外运动类体育课程教学刚刚起步，教育经费有限，教学设施不完善，教学场地稀缺，这在很大程度上不

利于提高学生学习的积极性与主动性，也不利于教师教学技术水平的正常发挥。

（二）高校户外运动类课程教学组织与管理的实施过程

1. 高校户外运动类课程教学体系形成

（1）户外运动类体育课程教学体系设置的指导思想

① 高校户外运动类体育课程的教学内容、教学目的、教学时数应符合教学大纲的要求。

② 高校户外运动类体育课程教学内容的选择应能反映各个户外运动项目的特点、技术、技能。

③ 高校户外运动的理论教学中，教师应以学生为主体，充分调动学生对教学内容的兴趣，促进学生自觉学习的习惯。

④ 高校户外运动类体育课程的设置应符合各个院校的教学实际，以便于教学活动的开展。

（2）户外运动类体育课程教学体系构建的基本目标

① 充分贯彻落实党的教育方针。

② 实现我国教育部颁布的学校课程目标要求。

③ 以人为本，通过户外运动教学，将体育课堂拓展到户外，使学生充分享受自然的空气、阳光、江河、湖海、沙滩、森林、田野、草原等。

④ 促进高校互动式教学模式的实施，培养学生的实践能力和团队精神。

⑤ 使学生掌握户外运动的基本知识和技术技能，提高学生的户外运动能力。

2. 高校户外运动类课程教学的具体内容与结构

在高校中，户外运动课具体是指充分利用自然环境，以户外运动项目群的基本知识、技术和技能为主要教学内容，旨在培养学生参与户外运动及相关竞赛能力（包括身体素质、心理素质和户外适应能力）的课堂教学。目前，国家登山户外运动管理中心将户外运动分为陆地、水上、空中三大类。其中，陆地户外运动具体是指在陆地区域（包括山地、海岛、荒漠、高原）地面进行的户外活动。我国高校开展比较广泛的户外运动主要是陆地户外运动中的一部分。

在高校户外运动类课程教学中，单个户外运动项目的教学内容主要涉及以下几个方面。

（1）户外运动项目的理论教学。在该部分教学中，教师应充分利用教学条件，通过讲解、示范、观看技术图片、录像等教学手段，使学生对具体的户外运动项目有一个基本的了解和认识。如在教学中，教师应对户外运动概论、技能技巧、饮食卫生、户外医学、危险因素、自救求救等基本知识进行详细、系统地介绍，使学生能熟练地掌握。

（2）户外运动项目的实践教学。在该部分教学中，教师应重点培养学生的创新精神、实践操作能力和户外应变能力，对学生在认识、理解和操作中出现的错误及时纠正。

（3）户外运动项目的综合训练。在教学中，教师应以互动教学为主，重视对学生的指导，以小组教学和训练的形式，提高学生的身体素质、心理素质和适应能力。综合训练作为户外运动类课程的延伸，多安排在周末或假期进行，训练场地应选择复杂多变的山区或自然水域。在训练基地中，组织学生进行攀岩、速降、溯溪、滑冰、漂流、搭绳过涧、丛林穿越、修建营地、野外觅食、埋锅造饭等生存与技术的训练。训练过程中，应注重培养学生的环保意识，注重学生在训练中的安全教育。

3. 高校户外运动类课程教学的准备和注意事项

（1）高校户外运动类体育课程教学的教学准备

① 将一学期的户外运动课程安排好。

② 通过校内媒体公布户外运动课程安排，并介绍户外运动课程教学的内容及管理办法。

③ 组织学生以选项课或选修课的形式报名学习。

④ 整合学校教学资源，对报名的学生进行管理，以班为单位组织教学，每班人数在 30 人左右。

（2）高校户外运动类体育课程教学的注意事项

① 教学内容，即户外运动项目的选择应符合本校的实际情况，在本校教学条件范围内组织教学。

② 教学中，应有专门的教师负责教学中紧急情况的处理，确保学生在教学中的训练安全。

③ 从理论上来讲，户外运动的生活训练应始终如一，但可根据具体情况适当进行调整。

4. 高校户外运动类课程教学的考核结构

高校户外运动类体育课程教学的考核内容应该包括理论考核、实践操作考核、野外生存生活综合评定。

（三）高校户外运动类课程教学组织与管理的改革方向

1. 户外运动的"小团体"教学模式

户外运动项目的运动特点决定了户外运动的教学模式。由于户外运动多是集体合作项目，因此，在高校户外运动类课程教学中，教师应以小组为单位进行教学，重视学生"小团体"的培养，使学生在合作学习过程中充分理解和掌握户外运动项目所要求的运动技术和技能，使学生学会合作和创新，在充分发挥主观能动性的基础上，最大限度地发挥集体优势。实践证明，高校户外运动类课程的"小团体"教学是成功的，体现了高校体育教学"以人为本"的教学理念，强调"以学生为中心"科学组织教学，突出了高校户外运动类体育课程教学组织与管理形式的人性化特点。

2. 户外运动的选项制和俱乐部制

目前，我国高校户外运动类体育课程教学以选项教学为主，就我国高校体育教育的发展趋势来看，选项制教学还将持续较长的一段时间，选项制占主流，是高校户外运动类课程教学组织管理发展的趋势。

另外，由于户外运动的特殊性，基础班的教学模式显然不能满足教师和学生的需要，这就决定了高校户外运动教学必然向着多元化的方向发展。而在教学实践尝试中，"俱乐部制"教学形式比较适合户外运动的教学与训练，同时也有利于教学过程的组织与管理。因此，户外运动的俱乐部制也是高校户外运动类课程教学的主要发展方向之一。

第二节　高校户外训练课程教学

一、户外训练的特征

户外训练是一种通过亲身体验，并在体验后获得感悟所形成的理念，是对传统教育的补充和提炼，而并非仅仅是一种游戏。其最显著的特点是体验和感悟，即参与者在体验中感悟许多人生哲理，这也是户外训练区别于其他培训方式的最根本的特征。户外训练的特征主要有以下几个方面。

（一）体验的直接性

1. 一般体验的直接性

认识世界、获取知识可以采用间接或直接的途径，但不同的学习方式所获得的内容和结果是不同的。传统教育突出理论方面的知识教育，更加注重对原有知识体系的了解和继承，强调已有知识的掌握水平。户外训练提倡引导参与者探索和发现真理，追求真理的顽强精神，直接感受事物的发生和发展过程，在实践中直接体验学习的价值，有利于培养参与者的探究能力，扩展参与者的学习空间。

2. 高峰体验的直接性

"高峰体验"在户外训练中的定义是：积累进行着某种技能学习或进行某种活动的努力过程中所获得的最高的体验。马斯洛（A.Msalow）在以心理健康的人为研究对象时，称"最满足、最幸福的瞬间为高峰体验"。这种"高峰体验"不仅是人的最高幸福时刻，而且还带来个人对存在价值的领悟以及自我统一性的发现。马斯洛曾向被试者询问"高峰体验"的感觉时，基于被试者的回答多是"自己认识了自己""在自己身上寻找到自信"等，所以，马斯洛把高峰体验称为最肯定自我的一种体验，并认为人是可以多次达到这种高峰体验的感受的。

参与户外训练活动时人会突然感觉到自信，对自己充满信心。这样具

有积极意义的、愉快的瞬间被人们称为"最积极的体验和最强烈的自我认同体验"。指导者或团队都可以以此作为目标，而且高峰体验可以使每个参加者有机会去拥有自信，在强化每个成员和团队之间联系的同时，高峰体验也成为最有效的治疗与培养的过程。

综合户外训练的过程和高峰体验的效果，可以发现人的性格也可以随着进行户外训练发生一定的改变。通过参加者们强烈的体验，使他们在不知不觉间掌握了平时也许并不容易领悟的道理以及生存所需要的智慧，再加上瞬间的高峰体验使他们瞬间回味到了有生以来的成就与失败。

（二）习惯的自觉性

个性是普遍的，没有个性就没有共性。个性是一个人在先天生理条件和后天环境的作用下，通过人的自身感悟和社会实践而形成的专属于个人本我的心理特征和行为特征，它的本质特征就是创造性、积极性和独立性。个性形成与先天因素的作用和后天环境的影响有关。

人主观方面的精神、态度、情感、价值观在有些时候比能力、技术和知识更加重要。因为知识、能力和技术依靠后天的训练或多或少都可以得到提高，但精神、态度、情感和价值观的培养只能依靠从小开始的、积极的、正面的、不间断地长期教育才能慢慢养成。户外训练以教育为前提，以尊重学员的学习方式和活动过程为准则，鼓励学员自主选择、自主学习、自主评价，对结果不设定统一的标准和目标，鼓励学员在与他人交流的基础上养成、完善现代人的世界观。

（三）学习的独特性

户外训练与以往的学科教学不同，它是一种独特的"先行后知"的教学程序，正是基于这种独特的学习程序，所以这种训练的学习程序一般可分为前期分析→课程设计→场景布置→挑战体验→分享回顾→引导总结→提升心智→改变行为。这八个环节中的每一项都是层层递进、相互渗透的关系。通过这一程序，参与者可将户外训练中的理念内化，并在实际的工作和生活中受益。

（四）意识的自主性

传统学科教育是以知识体系为中心，以教师为知识的传播人，教师具有极大的权威。而学员是以被动的方式接受知识，这样的学习模式往往使获得知识的一方失去主动学习的权利和机会。现代社会的发展更加重视人才的作用，而将人才视为"人手"或"工具"已经越来越少，人的个性的充分发展是现代人成"才"的前提。因此，户外训练将学员置于教育过程的中心，为其自主学习提供时间、空间、机会等，使人的个性充分发展。

（五）对自然的感悟性

1. 平和自然的心态

培训中的许多项目都是将场景布置在大自然的环境中，在这种培训环境中传授技能与知识并不是最重要的，重要的是以此能够获得一种自然的心态去面对那些不那么容易面对的事。

2. 自然的规律

大自然的生态系统是世界上最复杂、最平衡、最适于发展的系统，置身于此参与训练将会使人感受其中的规律并应用于实践，这正是人们在日常生活中处理问题的最高境界。

3. 自然而然的学习过程

将大部分培训课程安排在风景宜人的大自然中进行，使学员能够在充分放松、开放、善于接纳的状态下主动而有效地学习。

4. 分享知识

知识和经验凝聚而成的智慧是人生最宝贵的财富。然而，有智慧的个体组成的团队，往往并没有表现出多高的"智慧"——经验不能有效传递，团队总是重复着自己的错误，对事物的判断常常陷入不同观点的争论，而无法做出正确的选择。

5. 共同经历

生活是由经历组成的，我们的生活都来源于我们的经历，远离了日常

工作环境的共同经历是一个理想的方式。现代社会已经走进了一个团队英雄主义的时代，在这样一种人际高度互动的社会中，如何将团队的整体优势发挥出来以及如何让团队内部的人各取所长、优势互补，就成为管理人员需要动脑筋解决的问题了。在这个快节奏，工作分工细，工作压力大的竞争环境中，人与人的情感交流变得越来越困难，人际关系中充满了很多嫉妒、紧张、焦虑等消极元素。尤其是一些工作任务繁重的企业，其对于组建工作团队有着极大的期望。而户外训练正是融合了高挑战及低挑战的双重元素，它秉承强调感受式学习，不只是在课堂上听讲。让学员在个人和团队的层面，都可通过训练使他们的领导才能、沟通能力、面对逆境的能力得到提升。众所周知，当我们不了解其他人的感受时，即使我们有很好的见解，我们也很难说服他人，而户外训练正是一种典型的户外体验式培训。

户外训练具有的既安全又有趣的训练方式易于被学员接受。户外训练的最终目的，是让学员将培训活动中的所得应用到工作中去。虽然训练的方式和内容比较有趣，但这毕竟不是一项游戏，如果缺乏专业教师的指导及意见，则很难达到理想的效果。人们普遍认为，只有通过各种课堂式的灌输法才能掌握新知识和新技能。其实，知识和技能作为可衡量的资本固然重要，而人的主观意志和精神力作为一种无形的力量，往往在关键时刻能起到更加重要的作用。所以户外训练的意义就在于发掘每个人的最大潜力，并将这种潜力整合为团队的力量。

二、高校户外训练课程的组织体系

（一）高校户外训练的具体层次

在实施户外训练的课程活动中，为了便于训练指导员合理安排选择的项目，可以根据项目的活动方式、学生在项目中的角色认定以及项目对学生的培养目的等方面，对每一个项目进行评估，并将项目划分在五个应用层次里。这五个层次的划分具体如下。

1. 理论学习部分

这一层次的教学会在开始前，将学员集中在指定地点（教室或会议室中），完成训练课程的开始部分，这一部分课程包括以下内容。

（1）介绍训练的基本理论和相关知识。

（2）介绍训练完成任务所应具备的技能。

（3）介绍训练活动中所应注意的事项与安全规范。

（4）介绍训练活动的模式及形式。

（5）介绍训练课程中团队成员各自的存在意义。

（6）介绍分析可能遇到的困难以及使用何种心态面对。

（7）有时候，会插入一些理论知识学习，包括团队建设、管理技巧、个人沟通与职业素养等。

项目范例：沟通学习、破冰课等。

2. 以个人挑战为主的低风险活动

（1）强调使用积极的心态参与行动项目。

（2）感受在队友间的互相支持下接受挑战。

（3）加强人的自信和人与人互信的培养。

项目范例：高台演讲、背身倒下、信任跳水等。

3. 以团队挑战为主的低风险活动

（1）树立团队共同面对困难与战胜困难的信心。

（2）加强团队内部的有效沟通。

（3）加强所有团队中成员之间的合作意识与合作方法。

（4）明确分工与领导产生在团队中的作用。

（5）了解个体决策、专家意见与群策结果的差异。

（6）关于层级管理、领导授权、监督机制、时间统筹的学习等。

项目范例：数字传递、求生电网、盲人方阵等。

4. 高风险的户外活动

（1）使个体了解在团队中存在的作用。

（2）理解自己在团队中与他人的关系，懂得个体逃避困难将使团队受挫的道理。

（3）改变一个角度重新审视自己的能力与潜力。

（4）培养自立自强、勇敢面对困难与战胜困难的决心。

（5）培养遇到困难时的自我说服能力和坚强的意志。

（6）增强自我激励与对他人的激励能力。

（7）体验成功的快乐，并且能与别人分享这种快乐。

（8）合理地树立榜样以及效仿榜样。

（9）认同在同一现实面前有不同认知，并能求同存异地看待问题。保护、帮助、信任队友。

项目范例：信任背摔、高空断桥、空中单杠等。

5. 高风险的团队挑战项目

（1）培养团队意识与团队合作精神。

（2）培养团队中人与人的信任。

（3）提高团队工作效率，营造和谐环境。

（4）培养团队内部学习与互助的能力。

（5）对团队良性发展的及时肯定与认知等。

项目范例：求生墙。

虽然这些活动项目有五个层次之分，但它们之间并没有优劣之分，而是这些项目在活动的性质上对一些特别需要增强的能力或意识有一定的针对性。在安排课程时，不同发展时期的团队，接受挑战与完成任务所产生的结果也许会不尽相同，甚至也有可能产生相悖的情况。这就要求在选择项目前要及时了解个人或团队在当时的挑战能力，活动项目进行合理的设置与调配，这样至少可以使安全隐患降低，也有利于最终的培养目标。

（二）高校户外训练的课程类型

高校户外训练课程的种类和项目很多，根据不同的方面考虑，可以有以下几种分类的方法。

（1）根据课程时间的周期长短可以分为：长期课程和短期课程。

（2）根据课程组织季节的不同可以分为：冬季课程和夏季课程。

（3）根据学生的性别组成可以分为：男子课程、女子课程、男女混合课程。

（4）根据课程的开展地点可以分为：户外课程、室内课程和特殊场地课程。

（5）根据课程的训练目的可以分为：激励课程、解压课程、创新课程、社交课程、团队课程等。

（6）根据项目的性质可以分为：野外课程、高山课程、极地课程、水上课程和场地课程等。在这些课程里，水上课程主要包括：扎筏、漂浮、跳水、划艇、浮潜等；野外课程包括：远足、登山攀岩、野外定向、露营、溶洞探险、伞翼滑翔、户外生存技能等；场地课程是在专门的训练场地上，利用各种训练设施，如高台跳水、高架绳网等，开展各类团队组合课程及攀岩、跳跃等心理训练活动。

（三）高校户外训练的项目选择

目前我国某些高校虽然已经开设了户外训练课程，但还未充分准备或完善与此相配套的训练设施。他们仅仅是在部分体育课程中加入了一些户外训练理念，或者通过与高校定向运动等活动相结合的方式，进行一些简单的地面项目。对于硬件建设方面，大多数高校对于户外训练课程的设置几乎主要都以场地训练项目为主，因为场地训练的形式多样，组织便捷，对器材和设备的要求不高。只有少数有条件的学校，为户外训练专门搭建了可以进行高空项目的训练架。

在设计高校户外训练课程项目时，应该提前考虑学生参加项目类型、角度总结分享的以及引申出哪些知识要点等问题。对于户外培训来讲，选择正确恰当的课程项目至关重要，关于高校户外培训项目的取舍原则，大致由以下几方面的因素决定。

（1）学校为户外训练配备了必要的设施，包括训练场地和器材。这些设施能够满足学生在户外训练中的需求包括具体的活动项目内容。

（2）课程内容的难易程度与风险评估。在活动前必要的安全保护策略和应急处理机制也是训练项目的取舍所必须考虑的因素。

（3）组织户外训练的时间。包括训练时段、训练天数、训练季节，这对于课程的具体实施非常关键。

（4）训练课程的教育目的。教师在带领学生完成训练任务后，为避免户外训练变成简单的游戏，就要重视对所开展的项目进行总结和提炼，使得训练本身能够更好地实现教育目的。这需要教师提前备课与"预演"，否则学生即使体验了各类惊险刺激的挑战项目，也不能从中获益。

（5）学生的接受能力。由于一些训练内容有一定的惊险性，所以就要求教师在选择内容之前要先调查学生的身体状况（是否有恐高症等症状），还包括对教师的经验和能力的调查。

（6）学生的专业方向。如果是沟通类课程和培养团队精神的课程，学生间专业背景的不同则更加有利于课程的实施。如果是主题较为明确的课程，那么在选择项目的时候最好选择那些与主体参训学生相符的内容。如对公关传播专业类学生的团队协作和交流课程就应具有很强的针对性，避免"一刀切"的方式用同一门课程教育不同需求的学生。

（7）户外训练教师的能力。同样一套课程内容在不同教师的引导下，可以给学生引申出不同的意义，收获不同的主题感悟，产生不同的心理体验。例如"高空抓杠"可以引申为在生活与工作中，有了机会就要尽力争取不放过，也可以理解为勇于自我突破，克服一切难题。

由此可见，尽管课程项目是固定的，但通过教师有力的引导，也可以产生事半功倍的效果。相反，如果教师的引导回顾能力有限，无论课程项目的取舍多么合理得当，都很难达到理想的效果。

（8）场地合作方的选择。目前大多数高校对于户外训练的场地与设施多是与校外的户外训练基地合作或以租赁的形式获得。这就需要充分考虑训练基地的周边环境、地理位置、场地设施等详细情况进行取舍。户外训练以其接触自然的特点一般会将训练场地选在风景优美的地方。但如果经费有限，可选择有环境特色但设施普通的基地；如果是时间较短的课程，应选择距离较近的基地为佳。

（9）确定具体项目和备用项目。针对培训的目的，对项目进行合理设计、巧妙组合。最好在确定了主要项目后再考虑一套备用项目，以应对可能因受不可抗力因素的影响而无法实行主要项目的情况。

三、高校户外训练课程模式

户外训练课程由多个针对不同训练目的的项目组成，这些项目可以按照不同的训练目的进行排列组合，在安排项目顺序时，也尽量按照循序渐进和因势利导的原则来进行。

一般来说，课程模式主要包括：前期分析→课程设计→场景布置→挑战体验→分享回顾→引导总结→提升心智→改变行为。

（一）前期分析

不同行业、不同环境、不同领导风格的参训群体具有不同的特征，不同性别、不同民族、不同年龄层次的学员在培训活动中也会有不同表现。因此，课程设计的质量以及随后的一系列环节能否取得良好的效果，都与对参训群体进行前期分析密切相关。对于同在一家公司的不同员工群体，也会存在差别，对此要有足够的了解。另外，对于一个准备参训的团体，应当努力了解他们的行业特征以及换位思考他们想要的培训结果，这是一种负责的态度，也是培训机构必须要做的。可以说，前期的分析对于课程随后的各个环节有着非常重要的作用。

由此可见，前期分析是对参训群体的组织结构、学员特征与培训目标等进行细致分析，以此为依据进行培训安排。

（二）课程设计

课程设计是依据对参训群体的特征与需求进行调查分析，制定出尽可能满足学员要求并最能体现训练结果的课程。

课程设计要以整个团队的学习目标为主旨，课程项目要有针对性；如果学员人数较多，需要由多位老师带领多个小组活动时，一定不要忽视：让每位教师都了解清楚此次培训目的；主要项目的活动安排应该有相同的基调，要设计好项目与场地的轮换顺序；设计课程时必须了解教师对于课程顺序的偏好与调节能力。课程设计流程如表 4-2-1 所示。

表 4-2-1　课程设计流程表

步骤	内容
第一步	填写户外训练专业调查问卷。这份问卷专为户外训练项目设计，根据参考群体目前表现出的一些现象的倾向性调查，对参训学生的年龄、学历、参训需求等情况进行统计，综合评估这个群体的现状
第二步	根据问卷反馈的情况，由教师对该群体的现状及需要解决的问题通过课程方案的形式给出解决方案
第三步	由教师与参训的代表进行面谈，以进一步确认课程需求、方案细节、其他操作细节等事项
第四步	确定方案，前期进行周密的准备工作，包括器材的准备、教师的安排、行程计划等细节筹划

关于高校户外训练课程设计方面的内容，还有以下几方面需要在实践活动中注意。

（1）对于人数较多，需要将一个整体分为若干个小组同时训练的情况来说，分组就显得至关重要了，这项工作在训练前期就应该与委托方进行充分的沟通，或是在学校班级集合报到前做好准备，一般不鼓励学生总是选择与自己熟悉的人组成一组，所以建议不要总是以学员自己选择伙伴来组建团队，团队的建设不光是小团体成员之间的亲密无间，更应充分发挥组织技巧、尽量鼓励不同熟悉程度的学生的融合。通过对团队人员的组织安排，让相熟度不同的学生面对共同的困难并逐步形成统一的信念，最终一起闯过"难关"，这不仅能增强学生间的了解，甚至可以使平日素不相识的学生在活动结束后成为伙伴。

一般总人数按每队 12～16 人随机分开，即可以确定总队数 n，将男生分别按 1～n（队数）报数，女生分别按（队数）n～1 报数，这样可以保证各队总人数尽量相同。然后将报相同数字的人分为一队，数一的为一队，数二的为二队，依此类推。这种方法虽然简单，但经常会出现学员忘记自己的数字或进入好友数字的队伍。在实践中，经常是当学员在进入"破冰课"课堂时，发给他们一张有标志的卡片，卡片的标志种类数量由组数决定，各种卡总数由每组的人数决定，男女分开，保证同样的组数即可。

（2）就教师来说，要面对的学员群体多种多样，有普通学生、管理课程班、企业职工或事业单位人员，不同的群体拥有多样的群体特征，个别人还会有他们特殊的愿望与需求。所以只掌握一套教学语言或教学课程是远远不够的，它不能解决所有群体的问题和需求，同时也不要指望学员永远和教师有着同样的需求。教师应充分利用业余时间多读书、多"充电"，与各行各业的人群交流和沟通，了解各种群体的特征与需求，准备充分。这样才能在面对各种群体时应对自如。

（3）课程设计的步骤可根据实际情况来选择，例如学生来自同一班级或同一个学系，那么他们之间的相熟度就高，可以跳过"破冰课"等为了打破生疏的内容。如果是相互并不熟悉的人在一起，原则上比较理想的顺序是以"破冰课"为开始。首先，介绍户外训练的基本知识与学习目的，然后安排一个小项目，让学员亲身体验"体验式学习"与传统学习方式的不同。尽快让小组成员相互熟悉也是"破冰课"的重要内容。为此，可以安排一些消除拘谨感的活动，并鼓励小组成员尝试做一些突破常规的事情。这样的小活动能迅速打破彼此之间的隔阂，至少能让教师与学员们不再感到陌生。

（三）场景布置

场景布置是按照活动项目的内容特点，合理利用活动环境，准确地布置所需器材，使其具有项目要表达的真实性。场景布置也包括教师布课时所描述的情境。

为避免浪费时间，教师最好不要当着学员的面布置课程用具或检查器械，这类工作应在课程进行之前完成。课堂上布置用具会使课程的连续性受到影响，也会造成在布课过程中一些设施过早展现在学员眼前让人有种提前知道的感觉。

根据一些场景的需要，户外训练课程经常需要一些特殊的道具，比如会让学员戴上一个"眼罩"以模拟黑夜的环境或人眼睛受伤后失明、对现状无所了解等情境，使其更加真实地感受当时的状况。此时眼罩的使用时间、使用时机对于完成任务起着至关重要的作用。

有些项目要求完成得精细，因而选用的器械与道具就显得尤为重要。如在鸡蛋保卫战项目中，生鸡蛋就是其中的一种道具，而且要求鸡蛋必须是生的，因为只有生鸡蛋才能使人在破裂的瞬间所感受的挫折、失败感更为真实。所以，在这项内容中，不能因经费问题或其他原因就不用生鸡蛋，而选择用熟鸡蛋甚至用乒乓球代替。一旦随意地改变器具，就有可能使课程从布课开始产生偏差。

许多学员在参与户外训练的时候，会被许多种新鲜事物吸引注意力，从而忽略了教员讲授的内容。所以，无论怎样布课，如果挑战不成功，都会有学员认为教员当时没说清，所以在布课时就应该清楚记得自己说过什

么，从而可以在随后的回顾中进行正确引导。

（四）挑战体验

挑战体验是让学员完成项目要求的任务，从挑战中体验项目预设的理念，并自然地从中得到感悟。

挑战体验不仅仅包含一些看似令人望而生畏的项目，还有许多项目都在一般人的能力范围之内。对于学员来说，最初的判断可能与项目本身的潜在难度存在差异。有些表面上看似简单的项目，实际上在体验过程中也需要付出较大的努力才能完成。为了帮助学员正确应对挑战，教师可以提供简明的提示或指导。这样有助于学员正确理解并应对即将面临的挑战。

首先，项目的难度与项目本身的设计有关，一般来说，体力消耗多的项目难于体力消耗少的项目，主要活动在户外的比可以进入室内完成的项目难些，高风险的项目难于低风险的项目，道具多的项目往往难度就比道具少的更大。高难度的项目往往面向提高个人素质，挖掘个人潜力；低难度的项目则更多是培养团队精神，增强解决问题的能力。

学员对项目的难易认知取决于个人的领悟力、态度和价值观。例如，对于同一种项目，有的学员认为努力一下就可以完成，于是便努力地去做，最终果真达成了目标；而有的学员却认为非常难，不可能完成，于是就抱着这种态度去尝试，其结果更多地也以不成功而告终。因此，教师在布置项目任务时要及时地判断学员的认知状况，在合适的时机作出必要的提示和引导，最大限度地设定适当难度的挑战项目，引导学员都去尽最大的努力尝试，从精神层面就抱着不放弃的信念。

其次，学员体验的过程从教师布课时就已经开始，布课的过程有时就注定了体验的结果，除非有特殊的要求或教师有充足的准备，一般来说教师会尽量提供给学员们一个可以自由发挥的机会，不会轻易地改变既有活动规则。

再次，参与挑战的过程是学员们的实践过程，由于户外训练的不确定性，体验结果也不尽相同。获得成功者殊途同归，没有成功的活动过程也各具特点。教师可在活动时安排一些学员做助手，助手除了可以帮助记录活动的进程外，还可以保护队友的安全。教师应该注重保护学员安全以及随时记录活动过程的变化和情况，以便在活动后的分享回顾和总结时使用。此外，体验过程要保持连贯、顺畅，尽量避免活动过程中出现冷场和项目与项目的衔接不畅等现象，如果有可能尽量全队完成，必须中止时一定要选择合适的时机。

最后，学员在活动中遇到困难是正常情况，但是不要一遇到困难就想着依靠教师，首先应该想到的是相信自己和团队，靠个人能力与团队的力量去解决，不要轻易地求助，也不要轻易地挑战规则。经常会有学员认为规则没有讲清楚，也有学员会向教师提问，通过观察教师做行动依据，这类行为有违活动的公平。

（五）分享回顾

分享回顾是在学员体验后按特定的形式，将各自在完成任务时的感想、感受真诚地表达出来，结合教师的记录与大家分享得失，取长补短达成默契，共同从中学习，这是接受户外训练后从身体体验到精神体验的最终升华，是户外训练的重要组成部分。

在一个项目结束后，一般采用轮流发言与随机发言相结合的形式进行分享回顾，尽量让每个人都有发言的机会，尤其是最初的几个项目，要保证每人都有机会发言。

在进行分享回顾的时候，应遵循以下几个主要原则。

（1）即时性原则。做完项目要立即进行回顾，因为这种"背靠背"的回顾能够使学员完成项目时的情景历历在目，此时每一个人都在大脑兴奋期内将许多想法表达出来，所以这也是真实表达的最佳时机。如在孤岛求生项目结束后，学员们往往还没来得及围坐在一起就已经群情激昂，各种想法的表达之声此起彼伏。而如果不能在第一时间回顾，过了一两天甚至更长的时间后，活动的兴奋期已过，那么这些记忆通常不会比当时结束后的更加深刻和有感悟。

（2）密切联系实际原则。所有的分享回顾在谈完做项目的感受后，都会谈及与现实的联系，学习是为了以后更好地工作和生活，因此，如何让户外项目与实际生活联系起来，是每一位参训者所应做的，有的团队经常会无休止的争论项目本身的做法，这时教师有义务将大家的谈论焦点转移

到联系实际生活的问题上来，以使学习的目的更加明确有效。

（3）求同存异原则。每一个人因为成长的背景和价值观的不同，对待同一个事物的看法也是不同的。参与过户外训练后的每一个人都可以说出自己的真实感受，当不同想法产生时，教员要适当地进行引导，请学员们各自陈述自己的感受就好，不鼓励针锋相对的辩论。大家本着求同存异的原则，广开言论，可以感受到大家对同一个项目的不同认知以达到发散思维的作用。

（4）追求卓越原则。任何事物都具有两面性的特点，所以对待事物往往辩证地看才能看到事物的本质。在回顾过程中，教员可以引导学员辩证地去分析每一种观点，即当说一个问题的优点时候，也能说出它的缺点，需要诚恳地接受不同的意见。这里值得注意的是，在回顾的过程中，教员要有意识地引导学员往积极的方面思考和感悟，讨论过程中应避免消极的、抱怨的、讥讽的观点成为主调。

（六）引导总结

引导总结是指将活动中出现的问题和认知感受进行引导，用符合户外训练理论基础的理念进行科学的总结，使其理论更加严谨与体系化。

这个环节主要由教员来做，偶尔教员也可能让某个学员进行讲解。在引导总结时经常会用到一些如"鲶鱼效应""木桶原理"等的理论定律，也偶尔会用到优秀企业的文化、原则、经验总结或名人名言来佐证，对户外训练中的活动行为进行概括。引导总结并不需要过于复杂深奥的道理，往往最简单的故事，最真实的案例就能起到很好的学习效果。

引导总结经常会和分享回顾交叉进行，进行适时的引导，做出精辟的点评，讲述风趣的故事，不仅能使课堂生动活泼，而且也能让学员牢记在心。

（七）提升心智

提升心智是指在分享回顾与引导总结后，将学员感悟与理解进行提升，主要运用鼓励与肯定的形式，让其对自己的能力与潜力有一个新的认识，对团队的进展充满信心，并相信自己能够在实践中合理运用的一个过程。

时常能够听到一些年龄稍长的学员在训练结束后畅快地说一声："参加这个训练真的让我感觉自己像是又年轻了十岁似的"，这就是一种提升心智的效果。提升心智主要是适时的肯定与鼓励，这样能够让很多人在训练中看到一个不同寻常的自己，能够对自己充满信心，能够让自己对未来产生更大的憧憬。心理学家们研究发现，一位普通的乒乓球爱好者在连续几天收看了世界顶级乒乓球赛事后，通过思考与感悟，也会有一种自己球技大长的感觉，这种现象也是户外训练的价值所在。

对于心智的提升，并不是一味地肯定与鼓励对学员就是最有用的。肯定与鼓励固然重要，但教员也应根据实际情况对在活动中表现消极的学员进行合理的批评，并给出中肯的建议。这需要教师同样要有一个平衡的心态，共同为培训结果负责。

（八）改变行为

改变行为是指将户外训练中的所感所悟在生活情境中得以运用，达到学以致用的目的。对于来参加户外训练的学员，必须让其在一开始就对户外训练有一定的了解，让其知道此次训练的内容、形式以及想要达到的目的，这有助于让学员事前在心中对训练有一个大概的轮廓，便于他们在训练过程中能够获得更加深刻的体验和收获。

学习的意义在于能够将所学的知识运用到实际工作和学习中去，这也是学习的最终目的。对于户外训练来说，参与者能否在训练之后还将训练时的热情延续，继续用积极的心态面对未来的工作与学习，是户外训练课程的最终目的。学员能够在日后运用多少和课程的设计、授课时的要求有很大关系，同时，参加学习者的心态也是至关重要的。如果学员在项目中表现颇佳，但不能很好地将其与未来生活中的态度进行联系，那么对于户外训练活动来说，也并不能算作是十分成功的。

四、规划制定高校户外训练教学计划

要想达到户外训练的既定目标和效果，就要在训练之前制定出一套高水平的提案书以及有效的实施计划。而制定好的实施计划，则同实施体育教学一样，首先要了解参加户外训练的学生情况。对受训学生进行细致的

评价和分析，可通过问卷调查的方式进行，这是为了推测组织训练所必要的条件以及效果的可能性。此后还要对需要的设施进行设想，明确哪些设施是必要的，哪些设施是不必要的。同时还要与有关人员密切合作，同心协力地推进计划。

（一）户外训练分阶段教学计划

1. 初级阶段

（1）教学目的与任务

根据户外训练的特点，使学生通过接触、感受掌握户外训练课程的本质和内涵，全面提高自身的身体素质水平，培养学生对健康理念的理解，增强学生的健康意识和养成健身锻炼的习惯，使学生能够勇于挑战自我，超越自我、学会沟通，感受团队协作的乐趣。

（2）教学内容

① 理论知识：包括健康的概念，体育与健康的关系；健身锻炼的基本原则与方法；野外户外训练课程的价值；团队的凝聚力、团队的信任、团队的协作、团队的沟通；掌握安全保护器械设备的熟练使用。

② 身体素质：一般身体素质，包括心肺功能、力量、协调性、柔韧性、反应速度、平衡性等。专项身体素质，包括各种攀爬的练习，在多种户外训练教学基础设施上的练习等。

③ 体验团队：包括体验团队的协作；感受体验团队的信任；良好的沟通、主动的交往。

④ 专项技能：安全器械的正确熟练掌握。

2. 高级阶段

（1）教学目的与任务

在初级阶段教学基础上，培养学生运用户外活动的常识和技能进行自我锻炼，促使学生全面掌握户外训练的常识和技能，养成终身体育的习惯和意识，进一步提高培养学生的组织能力、领导能力、执行能力、沟通能力与团队协作能力。

（2）教学内容

① 理论知识：健身锻炼的原则与方法。基本活动常识。安全教育。领

导力、组织协调能力、执行力。

② 身体素质：以专项身体素质教学与训练为主。

③ 野外活动技能：上升、下降与攀爬。高空翻越与跳跃。水上活动技能。

④ 感受团队：在团队中体验，积极组织和协作。具备坚强的领导能力。拥有出色的执行力，能够主动服从并积极主动参与。

（二）户外训练计划书的制作要求

在训练设施准备完备后，为进一步发现问题，还必须将一些事项以计划书的形式书面化。制作计划书时，必须考虑以下几点。

1. 充分的理论依据

解决什么样的问题和设立什么样的设施，不仅要有明确的目的，还要有具有说服力的理论根据。

2. 明确的目标

各个户外训练中的小组的具体目标是否明确？目标是否可以实现？是否具有确认目标进展情况的方法？

3. 具体的实践

训练日程表、训练时期的长短、小组的持续期间、经费预算和用地、设施的确保等问题。根据需要还要考虑实施训练所必需的保健和饮食计划等。

4. 规划训练计划

要考虑训练计划及其所必需的预算。要考虑担任小组指导的人员是否具备足够的经验和能力？实施计划过程中的专家指导以及相应的条件是否已经具备？

5. 制订评价方法

评价活动是否达到了目标的具体评价方法，以及给学生设置相关的思考题与讨论题。

计划书做好后，还要根据某些可能的变化相应地做出一些充实和完善。然后可以先在计划的框架范围内进行活动看一下效果，再与学生代表和相关管理人员进行一次沟通，会议前要预先设想一下可能被问到的问题并尝

试着先想好回答。另外，还要从多方面收集尽可能多的有用的材料，比如，可以准备在户外训练计划中作为参考使用的幻灯片、录像带，以及建立与其他一些计划建立网络连接等。

第三节　高校户外露营装备教学指导

一、帐篷的使用

帐篷的作用是不可替代的，尤其是在户外露营，帐篷可以为露营者在户外搭建一个温暖的家。正确选择和使用帐篷，是户外露营者最基本的技能之一。

通常，帐篷主要分为夏季使用、冬季使用、三季使用、四季使用和高山使用几种类型。夏季使用帐篷为单层，透风性好，多是由一层防雨顶棚加一层尼龙底层组成。这种帐篷通常有外帐，颜色较淡，不会因为日晒导致内部过于炎热，但其无法抵抗大风和大雨。冬季使用帐篷、三季使用帐篷是非雪季使用的帐篷，它能抵抗强风，大多数帐篷有透气的尼龙内帐与防水性较好的外帐，帐门多为双层且较大，帐篷内部的湿气可以透出。这种帐篷适合于在森林或者不是过分暴露的开阔地使用。四季使用帐篷的材质较硬，能抵挡积雪与强风，帐门是比较容易进出的双门，这种帐篷的设计注重考虑空间和雪期问题，适于各种气候条件下使用。高山使用帐篷比较结实，能够抵抗突发的恶劣天气，重量较轻，容易携带，适合攀岩、登山人员使用。

帐篷是露营的重要装备，但不是唯一装备，其在露营中的作用是有限的。一般说来，帐篷不保证保暖，露营保暖是睡袋的任务，帐篷的主要功能是防风、防雨、防尘、防露、防潮，为露营者提供一个相对舒适的休息环境。

（一）选择帐篷时需要考虑的因素

帐篷的种类和款式很多，选择时需要考虑下面几个问题。

1. 露营地区的气候类型

如果是多雨地区，帐篷的选择应首先考虑良好的防水性能。具备良好防水性的帐篷应具备优质的防水涂层，并在缝线处进行胶压处理。此外，帐篷外帐下沿应设计稍微沿长，底部材料也应选用防水性能优异的材料。

2. 帐篷的主要用途

选择的帐篷是用来探险，登山露营用，还是偶尔去野外露营。如果是前者，它必须要非常结实，使用者可以把选中的帐篷支起来，从不同的方向推推看，确定它不会轻易倒塌或折弯。

3. 外出方式

如果一个人徒步旅行，选择的帐篷必须是自己能够负担的重量范围，不用太大，能够容纳一个人就可以。在允许的情况下，钻进帐篷内，躺下去，打量一下内部。

4. 帐篷颜色

最好是暖色，如黄、橙或者是红色，这样就不容易与外界环境的颜色混淆，便于其他人和自己识别。深色的帐篷会让里面显得很暗，浅色的帐篷里面则充满亮光。一些暖色，如红色、橘色、黄色，可以提供很好的暖光，即使在冷的时候也可以给予人很大的心理安慰。相反，一些冷色，如灰色、蓝色、绿色会使登山者感到寒冷，但在太阳暴晒的时候会很舒服。在一些高海拔地区，选择深色的帐篷可以使人更好地休息和入睡。因此，颜色的选择还要取决于不同的活动以及个人的偏好。

（二）帐篷的结构

1. 材料

聚酯和尼龙是现今帐篷多用的材料，强度高、重量轻、快干又耐磨。过去的帆布帐篷很重，功能也差。但无论采用何种材料，都要避免帐篷整天在强光下暴晒。

帐篷的内帐多采用透气性好但不防水的尼龙，也有用蚊帐式设计，即使有潮气也很快可以保持干爽。外帐则采用聚氨酯材料，或在面料上灌注了硅胶，以达到更好的防水效果。

2. 帐底

选择帐篷同样要看好底帐的大小和帐篷的空间，圆形或拱形的帐篷要比 A 字型帐篷空间大得多，无论在里面休息还是做其他准备工作都要便利许多。

如果使用防雨布，一般要让外帐盖住，不要扯到外面去，否则一下雨就会在帐篷和雨布之间积水。同样，雨布也可以铺到帐篷内使用，只要起到隔水防潮的作用都是可以的。

3. 帐杆

多数帐杆都是用铝制成，现在也有玻璃纤维材料的，强度上玻璃纤维没有铝的结实。当然，帐杆的强度还取决于它的粗细，大多数露营帐的帐杆直径都在 8.5～9.5 毫米之间，个别高山用的帐杆可能会达到 11.5 毫米。碳纤维的帐杆更结实、更轻，但价位要比铝的高不少。现在又发明了内管是铝的，外管是碳的合成杆，要比纯铝的重量轻 1/3 左右。

帐杆通过帐布或者挂钩与帐篷相连，杆头会插进固定器里面，把帐篷用风绳拉好后，就会变得很结实。平时注意不要踩踏帐杆，也不要把帐杆当抓手进出帐篷。记住要带上帐杆修复套管或者备用的帐杆，以防帐杆断裂、破损。

4. 帐钉

使用帐钉时一定要适应营地地面状况。在营地，可以先拿一个帐钉打进去试试，如果下面有石头帐钉就可能会弯曲，所以通常选用铁的、钛的帐钉，比铝的结实得多。但如果在软面上，如雪地或沙地上搭帐篷，就要选择帐钉头较大的，这样不至于陷进去找不到。最好的办法还是直接用风绳绑上一块大点的石头，通过石头的重力来固定。

5. 防风绳

有风或是要离开营地时，帐篷必须要拉上风绳，并且重新固定帐钉。在高山上，风绳就显得更为重要了，一顶帐篷甚至需要 6 根以上风绳来固定。风绳最好选择有夜光的，或是在上面拴上发光条，以免晚上出去时被绊倒。在一些极端环境下，比如海拔 7 000 米以上的高山营地，甚至需要防风网来把整个帐篷罩住，否则帐篷很容易被刮坏甚至刮跑。

6. 双层

帐篷的一个基本功能就是遮风挡雨，这一点很容易做到，但同时还能够把帐篷里面的潮气排出，避免结霜，就不是很容易了。人体在正常情况下会有潮气排出体外，在户外，随着运动量的增加，受湿衣服、做饭、热水的蒸汽等因素的影响，潮气就会在帐篷内加剧，同时，如果帐篷下面是潮湿的地面或者有植被，则外帐的风裙、内帐等都会结霜。

为了解决这个问题，大多会选择双层帐篷。内帐是透气不防水的材料，便于将帐篷内的潮气排出，外帐是防水不透气的材料，以抵御风雨，两层之间的空间要足够大，以免刮风时将两层贴到一起。单层帐的重量要明显轻于双层帐，但如果面料不透气，在冬季或是低温环境下一觉醒来，里面会结霜甚至滴水。

（三）帐篷的支撑方法

常见的帐篷有三种支撑方式。

1. 内撑外披

即用支架撑起内帐，然后将防水外帐披上，并固定好。这种撑法比较便捷，因此大多数帐篷通常采用内撑外披的支撑方式。

2. 外撑内挂

即先撑起外帐，然后把内帐挂到外帐上。这种撑法更利于防雨，因为内挂的内帐总是和外帐保持一定的距离，但第一次支撑时要费些时间。

3. 自动帐篷

可自动打开的帐篷，方便，快捷，区别于传统的搭建帐篷。自动帐篷多为休闲帐篷，考虑从大众生活需求入手，自动帐篷以家庭聚会、朋友郊游等为主。因为自动帐篷十分方便，没有人群限制，已经在年轻人中掀起了一股潮流。打开快速，携带方便，款式新颖，都是拥有自动帐篷的使用者对它的评价，而这也让传统帐篷受到了部分冲击。

（四）使用帐篷时的注意事项

根据以上帐篷的一些部件及特点介绍，选择使用帐篷时，需要着重关注以下因素。

1. 携带方便

携带，如果是背包族，还是那种传统帐篷比较方便，拆卸之后可以直接放进背包，自驾一族就可以选择快开帐篷，收拢之后是个圆饼状的造型，适合放在后备箱。

2. 外帐防水，内帐透气

最常见的帐篷涂层是 PU 涂层，PU 是聚氨酯高分子有机物，PU 涂层是一种稳定耐低温的涂层，常用在各种织物上。PU 涂层的厚度和涂层技术决定着织物的防水性，涂层厚度用 mm 表示，表明在实验室条件下涂层的静态防水柱高度。PU800 涂层表明该涂层在 800 mm 的静态水柱下是不渗漏的，PU800 涂层可以防小到中雨；PU1000～1200 的涂层可以防中到大雨；超过 1 500 mm 涂层基本可以在各种环境使用。

3. 撑杆强度高、回弹力好

目前最好的杆是碳素杆，其次是铝合金，再次是玻璃纤维。帐篷的抗风性能不仅和帐杆的质地、直径有关，还和帐杆的套数有关，一般来说帐杆套数越多，防风性能越好。

4. 帐底要防水耐磨

帐底要求有防水和结实耐磨的功能，常用的帐底材料为 PE 布和防水聚酯布。PE 帐底用于中低档帐篷，防水聚酯布用于中高档帐篷。PE 是聚乙烯材料，类似低档的蛇皮袋，实际帐篷使用的是双面附防水膜的 PE 材料。帐底接触地面，易受碎石、草根树枝等杂物的划伤，因此户外野营时，要考虑到地面的平整，清理地面硬物，或使用帐篷地布，铺垫在地表作为保护层，这样才能睡个好觉。帐篷地布一般使用 420D 的耐磨牛津布。

5. 选择适宜通风的帐篷

在这一点上，新型的快开帐篷设计得比较好，通风性更佳。

6. 设计合理

包装袋、帐钉、帐绳等辅助配件同样影响到帐篷的使用。包装袋要选择结实耐用的，帐钉数量要保证足够，铝钉强度要大，帐绳要充足，用于固定帐篷。

7. 根据季节特征选择

夏季用的帐篷可以选择敞篷的，下雨时选择双层帐篷，内帐可以是蚊帐式的，这样通风效果更好。三季的帐篷比较常见，用得也最多，对付平日的刮风、下雨都没有问题，但强度稍逊，如果遇上大雪，很容易被压垮。四季的帐篷在全年任何时候都可以放心使用，它的帐篷杆很结实，也可以经得住大雪的考验，但要重很多。

8. 阅读帐篷说明书

在正式使用前一定要看说明书，熟悉它的搭法和使用方法，这样即使遇到天气变坏等恶劣情况，也可以从容应对。可以先在家里搭一次，然后在晚上的时候拿到外面戴上头灯再搭几次，最后再带到户外去使用。

9. 帐篷的面料易燃

尽量不要在帐篷内做饭，燃烧的气炉释放的一氧化碳在帐篷这样的封闭空间内极易引起人的窒息甚至死亡。此外，水蒸气也会加快帐篷内结霜的速度。

（五）帐篷的保养方法

帐篷用过一夜后，要在第二天早上太阳出来时，把外帐揭下来，晾干里面的水汽，帐钉若是沾了土很脏，也要及时清理。帐篷可以拆开分装，这样就不至于一个人背着很重，帐杆可以收好后放在背包的一侧，篷布叠好后放在好拿的地方，因为一到营地就要搭建，如果放在背包最下面，就不得不把所有东西都掏出来才能使用。

在活动结束回到家后，一定要将帐篷全部打开，找宽敞的地方重新晾晒。尼龙本身并不会腐烂，但如果里面夹杂着水汽就会发霉，下次用的时候不但气味难闻，而且也会影响防水效果。单层的帐篷需要更多的时间去晾晒，因为很多潮气会吸附在内帐里面。如果要清洗帐篷，使用温水就可以，千万不要使用洗衣粉或者除垢剂，这样会破坏帐篷的保温性和防水性。帐杆同样要晾干，或者用布擦去表面的水汽，否则会被腐蚀。

二、睡袋的使用

睡袋的作用主要是保暖。睡袋是把被和褥结合在一起的寝具。在睡袋

的一侧有一个带拉链的入口，人钻进去后，把拉链拉好，仅在头部留一个通气的通道，看上去就像婴儿的襁褓一样。睡袋的意义是用尽量少而轻便的材料，为露营者提供一个温暖的睡眠环境。睡袋一般可分为两类，即普通睡袋和专业睡袋，前者用于一般的旅行和露营，后者则用于高寒或高海拔地区。

睡袋选择应把握轻便、温暖、舒适与易挤压的原则。在选择睡袋之前，首先要了解不同睡袋使用的温度范围，即不同的睡袋都有各自的温标。睡袋的面料最好具有一定的防水功能，以防止睡袋被露水或者帐篷内凝结的水雾打湿，影响其保温效果。

（一）睡袋的类型

普通睡袋通常可分为信封式睡袋和木乃伊式睡袋。信封式睡袋可以打开当被子使用，但其保暖性差；木乃伊式睡袋按人体结构设计，从头到脚可以得到比较完美的保护。专业睡袋均为木乃伊式结构，这一设计带有头套，头部可以收紧，防止冷风吹入，上大下小，和人体的形状相符，睡袋的侧面有拉链便于出入，这种睡袋保温性较好。为了避免拉链卡到布料中，拉链侧面一般设计有织卡布，而且拉链后面一般有管状隔离层，避免热量散失。

（二）睡袋的填充物

睡袋是靠其填充物的蓬松，造成一层不流动的空气层，利用这静止的空气层，隔开外界的冷空气与人体所产生的热气，减少体热的散失，而睡袋的绝缘保暖效果，主要取决于其绝缘层的厚度。

睡袋的保暖度、重量和价格主要依填充物的种类和品质的不同而定。填充物中羽绒最保暖，羽绒睡袋蓬松度高、保暖、易压缩、不变形、经久耐用，但羽绒的不足是易吸水。羽绒潮湿后不蓬松，失去绝缘效果，保暖作用大大降低。暖和的睡袋可烘干手套、袜子和鞋垫等小件衣物，但千万不能穿着大件的湿衣服入睡，这样在睡袋内没有流动的热气，反而会失温。此外，在春夏季露营，一般使用棉睡袋即可，具体视温度而定。

（三）睡袋的选择及保养方法

睡袋上一般标有睡袋所适用环境的最低温度指数，也就是以使用该睡袋在所标示的最低温度环境里仍能感觉舒适为准。但是，影响睡袋舒适温度的因素很多。这种指数是否符合个人需要，必须要考虑到帐篷的质量及环境的情况等，因此指数只能作为参考值。睡袋务必保持干燥，平时应多拿出来晾晒，但不可在高温下暴晒，更不得烘干。凡是羽绒制品，尽量避免清洗，所以睡袋的清洗要特别慎重。如果只是局部有污点，尽量只洗局部即可，若平时有使用睡袋内套及睡袋外套的习惯，便只需清洗这两个部件，而不必清洗睡袋整体。在晾晒或者清洗时，一定要注意保护睡袋，千万避免锋利、坚硬的物体碰到睡袋，否则刮破后很难修补。晾晒干燥过程中还要经常用轻木棍敲打睡袋，以防羽绒凝结在一起。

使用睡袋时要特别小心火烛，睡袋的表面材料和填充物往往都是易燃的，一个火星就可能把睡袋烧出个洞来。

三、防潮垫与枕头的使用

（一）防潮垫

防潮垫有防水功能，具有一定的厚度和弹性，为我们提供了在不平坦户外环境舒适休息的良好支持。但到目前为止，还没有关于防潮垫的固定模式和行业标准。一般来讲，凡是能在野外宿营时起到防潮隔凉作用的天然或人造制品，都可以用作防潮垫的材料。但是，轻便和易于携带应该是同样重要的指标。目前市场上出售的防潮垫主要有化工材料和充气式两种，重量都不是太重。泡沫垫子有各种类型和规格，形状大小还可以根据个人的需要来裁剪。充气垫的好处在于舒适性较好，在野外，即使地面不太平整，有些小的碎石在身下都无妨，但一旦有尖利的东西把充气垫弄破，则只能进行修补。同时，它也比泡沫垫子重。

无论使用哪种垫子，都不建议外挂在背包上，因为在野外行军中很容易刮坏或者丢失。如果选用充气垫，一定要带上修补的胶和贴。使用完后，要小心地将其装回睡垫套中，回到家中，还要进行检查。如果是泡沫垫子，

若有破损和污垢，要及时清理和修复。充气垫则要再次打开拧嘴，晾晒一下，因为里面因为吹气会有残留的潮气，要让其挥发掉，否则，残留时间久了，会影响到垫子的保暖程度。

1. 防潮垫的选择

考虑防潮垫的用途时有四个因素可供参考：隔绝性、舒适度、使用体积和耐用度。选择防潮垫时先决定哪一项因素是最重要的，接下来就是根据最重要因素来选择适合的防潮垫。根据使用防潮垫的情况，可以由下列因素来选择适合需要的防潮垫：

（1）天气因素

如果天气状况很稳定，没有低温出现的情况，舒适度的要求比隔绝性重要；如果不能掌握天气变化的因素，那么隔绝性高的防潮垫是比较保险的选择。

（2）休息时的舒适度

有的使用者睡觉时有个垫子垫着就行，不太在乎防潮垫的舒适度，自然会选择比较便宜、比较轻的防潮垫；如果要求防潮垫有相当的舒适度，则需要购买价格更高一些的防潮垫。

（3）重量

较舒适的防潮垫通常厚度较厚，重量也比较重，如果要从事长程纵走或登山健行，防潮垫的重量是需要考虑的重要因素。

（4）体积

背包容纳空间是有限的，所以防潮垫的体积最好不要太大。

2. 防潮垫的类型

（1）发泡塑料防潮垫

采用高压聚乙烯材料，经过发泡成型后，再按不同的规格切割成一定厚度的片状，就成了我们常见的防潮垫了。这种防潮垫的特点是闭孔、不吸水，通常采用45倍发泡切成0.8～1.0厘米的厚度，价格比较低廉。

（2）EVA防潮垫

EVA又称回力胶，与闭孔泡沫防潮垫相比，具有弹性好、韧度强等特性，价格也有较大差异，和第一类防潮垫比成本提高了将近一倍，不过在舒适性和耐用性上都大大提高了。

（3）XPE 防潮垫

XPE 防潮垫，又称半孔泡沫垫，使用超高压聚乙烯材料。这种材料虽不及纯 EVA 材料高档，然而强度、韧性和抗拉力都比闭孔泡沫材料好了许多，但拒水性不如闭孔材料，因此，生产厂家制作这种防潮垫时，在工艺上通过高温僵化做结皮处理，以增强防水性。

（4）充气防潮垫（气床）

这种被称作气床的防潮垫，在国内最早是被用作水上漂浮垫使用的，后来被一些人用作露营的防潮垫。这种用棉布刮胶面料制作的气床，防潮性能是不错的，但由于体积较大、重量较重（可能会达到 7 公斤以上），并且充气、排气比较麻烦，因而在户外防潮垫家族中是一个不常用的品种。

（5）自动充气防潮垫

自动充气防潮垫是防潮垫家族的"贵族"，常常是出行户外"奢华游"的首选产品，使用起来非常舒适，其感受类似家庭中的席梦思。在制作工艺上，防潮垫的内芯用压缩和膨胀性很好的海绵填充，挤压海绵中的气体，关闭气嘴使垫内成为半真空状态，体积会变小。打开气嘴，在外界空气压力的作用下，海绵膨胀，可以自动把空气吸到垫内，因此称其为自动充气垫，充满空气的防潮垫有非常好的弹性。

（二）枕头

针对长时间的露营，为了保证良好的睡眠，还是要准备专门的枕头。现在市场上有充气枕，它们轻便易携带，可以选择使用。如果是普通的 1～2 天露营，带个枕头往往就很累赘，一般可以用衣服替代。在夜间，选一些柔软的衣服，比如羽绒服等，将其包好放在防水袋里，通常可放在装睡袋的套子中，并确保放置均匀，但一定要记得把衣服内的物品，如手机、指北针等取出，以免损坏。

四、地席、坐垫、吊床的使用

（一）地席、坐垫

地席原本是日常生活中休息和进餐时所用的，在野外它可以用于夜间

睡眠，同时可以起到良好的防潮效果。地席本身就有防潮设计，一般底部为铝膜，表面为比较柔软的聚乙烯材料，非常轻薄，重量在 1 千克以下，体积很小，便于携带，但是它无法让坑洼的地面变得平坦舒适。在草本植物丰富的环境中，可以收集一些茅草垫在帐篷或地席底下来解决它的这个缺点。另外，在野外环境中，如果带一块坐垫，也会给使用者的休息带来许多方便。

（二）吊床

吊床可以悬挂在两棵树之间，用于旅途中短时间的休息。有横杆的吊床比较舒适，但不便于携带，无横杆的则刚好相反，两种吊床的价格都在百元以内。另有一种丛林吊床（吊床式帐篷），上面有纱网，可以防蚊虫。有的还带有防雨篷，价格相对高一些，主要适用于茂密的热带雨林地带。

吊床也可以自己制作。睡吊床的时候注意身体要有一定程度的倾斜，注意安全问题。

五、炊具和餐具的使用

为了防止火灾，户外的许多地方禁止使用明火。野外活动应自备燃料炉和燃料。餐具包括碗、杯、盘、锅、汤匙等。为了减轻背包重量，除必要的合金用品外，可尽量多的选择塑料用品，或者携带一体式多功能性餐具。

携带炊具应注意以下几个问题：尽量避免携带不必要的炊具，对于重量过大的常用炊具，应优先考虑其他解决方案，以减轻负重。为将炊具的总重量减到最低，可选择轻便的炊具。为最大限度节省空间，可将多个炊具叠放。同时，不要选择附件过多的炊具，因为在使用时这些附件易坏且易丢失。

（一）炊具

炊具要根据自己出游的性质来选择。如果是短途的野炊活动或自驾车旅行，可以携带各种用途的炊具，如煮饭锅、炒菜锅、平底煎锅和烧烤架等。长时间的野营活动，如果人数较少或者经常路过村镇，就不必每天都在野外做饭，带上金属饭盒就可以了，用它煮一些简单的饭菜基本没问题。

如果宿营人数较多，最好是带上炒菜锅，以便更好地做饭。其他的炊具能省则省，减轻负担。如果是去高海拔地区（海拔 3 500 米以上），要带高压锅，因为海拔高、气压低，水的沸点也会偏低，没有高压锅很难把饭煮熟。

户外店有一些重量轻且结实耐用的专业小型炊具可供选购，价格多在 100～600 元，这些炊具往往是配合各种小型炉具设计的，不适合大队人马使用。旅途较短时携带日常家里使用的炊具就可以了。

（二）饭盒

在野外携带的饭盒最好是金属的，可以直接用来烧水和做饭，既是餐具，又可充当炊具。搪瓷饭盒比较怕磕碰，塑料饭盒则只能是用来吃饭，而且不好清洗。

饭盒最好有把手或提手，越方便抓握越好，军用饭盒和蚕豆形军用金属水壶附带的饭盒都很实用，既结实，又便于携带。宽扁的饭盒底面积大，易于加热，不易翻倒；深度与宽度差不多的饭盒最方便用餐；窄而深饭盒，不便于用餐，且重心不稳，但好处是烧水做饭时不易溢出。一些小型平底锅与饭盒区别不大，完全可以代替饭盒使用。

至于饭盒的容量，要根据自己的饭量决定，宜大不宜小。在寒冷的季节可以选择携带保温饭盒，使用时要避免磕碰。

（三）炉具

去雪山、荒漠等无燃料的地区野营，必须携带现成的炉具和燃料，尤其是寒冷的雪山和高原，燃料是非常重要的。如果是自驾车出行，可以选择携带小型煤气罐、煤气炉和煤油炉等。

如果是徒步旅行，可以携带小型气炉、油炉、酒精炉等配合小型炊具和金属饭盒使用，要依实际情况携带充足的燃料。

去燃料充足的地方则不需要带炉具，尤其是徒步旅行，携带炉具会

增加很多负担。必须携带时可考虑几个人合用一套小型炉具，以备应急使用。

1. 气炉

气炉是很方便的一种小型炉具，采用压缩丁烷气作燃料，罐装密封的燃料很方便携带。常见品牌有 MSR、PRIMUS 等。

2. 油炉

油炉与气炉一样，都是一种使用很方便的小型炉具。燃烧使用煤油和不含添加剂的汽油等。配有专用的油瓶来填充燃料，燃料瓶与油炉头连接使用。

3. 酒精炉

酒精炉也属于小型炉具，使用方便，价格便宜，但燃烧效率较低。小商品市场和农贸市场均有出售。户外店中质量较好的酒精炉价格会稍贵一些。酒精炉又分为固体酒精炉和液体酒精炉，还有固体液体燃料兼容的酒精炉。固体酒精和液体酒精的价格都相当便宜，野外活动宜使用固体酒精。

4. 炭炉

炭炉的样式比较多，有专门为烧烤设计的炭架，也有可以煮饭的炉子，还有供单人使用的小炭炉。

5. 防风板

在野外有时会遇到大风天气，防风板会起到很好的作用。在弱风中使用气炉和酒精炉等小型炉具时要特别小心，应使用防风板，防风板使用时应放在风吹来的方向。

（四）其他炊具

1. 打火机和火柴

打火机和火柴是野外必备物品，是野炊和取暖时的火源。无论带什么样的打火机，出发前都要检查里面是否还有充足的燃料，没有或很少时要补充或更换，防风打火机和汽油打火机在野外露营时非常实用。

携带火柴时要注意安全，避免火柴相互摩擦。火柴在温度极低环境中也可以使用，所以进行长期艰苦的野外活动一定要带上防水火柴（防水火柴可自己制作)。

2. 筷、勺、叉

筷、勺和叉等可依实际情况携带。当然如果忘记携带，也可以就地取材自己制作，注意不要选用有汁液流出的树枝。勺用于吃流体食物，只要不是易碎的瓷勺就可以。叉子可用来吃面条等长条状食物。

碗和盘子在野外不实用，必须携带时可选择不锈钢的，一次性的碗盘浪费资源且污染环境，再轻便也不要选用。选择碗、盘、筷、勺和叉子等餐具，首要原则就是不使用一次性的。

六、照明装备的使用

(一)头灯

1. 头灯的类型

头灯的特点是它能够戴在头上进行照明，可以解放出双手，更有利于在野外夜间行走。按不同的分类方式划分，头灯可以分为许多种。

按所配电源，可以将其分为自带蓄电池的头灯和使用干电池的头灯。自带蓄电池的头灯价格便宜，亮度较大，照明时间也足够长，但是蓄电池很沉重，不便于携带，而且蓄电池多为硫酸电池，损坏后会对人和物品造成严重的腐蚀。这类头灯大多没有防水性，不能在雨天使用，因此不建议选购。去户外应选择使用干电池的头灯，种类和样式非常多，亮度、照明时间、体积和重量等都不尽相同，绝大多数都有防水功能，可以在雨天照常使用，户外用品店或军用品店有售。

头灯按防水性能可以分为不防水、生活防水和潜水头灯。具备生活防水的头灯在电池盒边缘有密封胶条，足可以应付雨天使用；而溯溪和溶洞等场景，需要配备专业的潜水头灯。

2. 选择头灯的考虑因素

(1)根据经济实力选择

国产品牌的头灯比较便宜，低档的价格一般在 30～50 元，但是其防水性能相对较差，灯泡寿命短，亮度差，耗电量大。品牌专业头灯质量确实好，但价格非常昂贵。

（2）根据活动需要选择

一般性的野营活动，夜间不会长时间在野外行走，选择头灯不必很重视亮度，轻便是最重要的。可以选择装两节五号或七号电池的小型头灯。如果常要走夜路则需要一个较亮的头灯。

3. 检查头灯防水防尘性能

在野外使用头灯时，需要应对各种恶劣的天气，防水防尘就显得十分重要。选择有防水功能的头灯时要检查它的密封性，主要是防水胶条要均匀、完整，也可以用水试验一下，看是否漏水。

4. 选择适宜的照明强度头灯

大部分头灯都可以通过调节灯头来改变光线照射的强度和范围。专业头灯的调节范围很大，在固定照明时光线分散且照射距离短，在行动照明时光线集中且照射距离远。挑选时要注意检查调节性能是否与说明书上介绍的功能相符。有的头灯有双光源设计，白炽灯和 LED（发光二极管）两种光源可互相切换，白炽灯泡亮度大，照射距离远，LED 亮度小，但是非常省电，可维持很长时间的照明。

（二）手电的特点

手电的应用非常广，基本上是家家户户都有的传统照明用具。手电的种类极多，微型手电只需要装一节七号电池，大型手电有时需要六节以上的一号电池；最便宜的手电几元钱，而最贵的可达千元。

手电选购的原则类似于头灯，如果经济条件不允许，户外活动使用日常的家用手电照明即可。购买专业手电时，要注意是否可以方便地买到手电配件如备用灯泡等；还要注意可使用的电池型号，如果只能使用锂电池，购买电池的开支会大大超出手电价钱。还有一种使用蓄电池供电的手提式应急灯，也可以算是手电，这种手电的优缺点和自带蓄电池的头灯相同。

户外运动会对照明工具有某一方面的偏重。如搜索需要亮度高、照射远，潜水需防水性能好，徒步需要较好的续航等。下面按从共性到个性的顺序，探讨如何选择合适的户外手电。

1. 可靠

户外运动对照明工具的要求是"随时可用",可靠性不佳的照明工具,在关键时刻无法工作是致命的,最严重地可能会危及生命。因此,高可靠性是选择户外运动照明工具的一个重要原则。

2. 防水

相对于居家来说,在户外首先要解决的问题就是防水,令人放心的防水标准当然是 IPX-8,浸泡在浅水中(一般指 2 米以内)都可以正常使用。从某种意义上说,防水也是属于户外可靠性的内容。

3. 小巧轻便

户外手电要尽可能做到体积小、重量轻,外出携带不增加负重,节省体力,一般的个人户外手电最好控制在 100 克以内。当然,强力型户外手电则需要在重量和体积上预留出更大开支。

4. 省电

户外活动通常不会携带大量的电池,所以要尽量选用高效率的手电,保证有足够的亮度和超长的续航时间。最好有一只低、亮档能达到几十小时以上的手电,以备在极端情况下可以连续每晚照明超过一周。

5. 亮度高

户外活动环境十分复杂,所以在需要高亮度照明时,手电却无法发挥功能是很危险的。因此,一款高亮度的手电是必备的照明工具,特别是用于对不熟悉路段的探索上,手电的最高亮度最好超过 100 流明。

6. 自由调节

多档调光技术的出现,终于使亮度和续航时间能够出现在同一只手电上。使用者可以在营地、徒步、搜索等不同用途时选择最合适的亮度,同时合理地节省宝贵的电能。重要的是,多档调光技术还衍生出不少辅助功能,比如 SOS 求救信号,遇到危险时可以发出求救的摩斯密码,向搜救人员求救。

7. 亮度恒定

在手电工作的同时,电池随着能量的消耗电压越来越低,常规手电的亮度也随之下降,照明效果逐步变差,等手电亮度降到一定程度时已经无法提供合适的照明,只有更换电池,但这时候往往电池还有小一半的电量,

于是这部分电量就白白浪费了。而亮度恒定技术的出现解决了这一问题，恒亮手电能够无视电池电压的变化，在大部分时间提供几乎恒定不变的亮度，不仅提高了照明效果，同时充分地利用了电池的每一分电能。

8. 电池获取渠道广

户外手电最好使用在全球各地都能够买到的电池，在大多数情况下，具备这种特性的理想电池就是 AA 电池。

（三）野营灯

目前国内市场上的汽灯样式较多，常见的有瑞士品牌 PRIMUS 和韩国品牌 KOVEA 等。现在市场的野营灯大都比较简洁，且多数为可充电式，易于携带。

如果是自驾车出行，晚上露营可直接用汽车灯照明，为了防止晃眼，可在车灯前挡一块半透明的塑料板，能起到散射光线的作用。

（四）备用灯泡

灯泡的种类很多，用于手电和头灯的小型灯泡除了普通的白炽灯泡外，还有氙气、氦气和氪气等内充惰性气体的灯泡。这类灯泡的亮度大、使用寿命长，但价格较高。

备用灯泡的功率要和所用手电和头灯的功率相配，如果把 3 瓦的灯泡安装在 6 瓦的手电上，则很快就会烧坏。

专业户外用手电和头灯可能需要配一些较为特殊的特型灯泡，在购买手电或头灯时需要向商家进行咨询。灯泡属于易碎品，要妥善保管。有些手电和头灯有放置备用灯泡的地方，如果没有或者需要携带多个备用灯泡，可以将灯泡用薄海绵、餐巾纸等柔软物包好，存放在胶卷盒中。

（五）电池

出发之前要根据出行时间的长短和耗电装备（如头灯、手电、相机和收录机等）的耗能情况（根据自己的经验判断或者向商家咨询）携带足够的电池。

电池应选用有质量保障的高能碱性电池，而且要在正规商场购买。如果旅行目的地有电源，建议使用充电电池，可重复使用，更经济，更环保。

废旧电池会对环境造成严重污染，因此一定不要丢弃在野外。

七、装备的选择、购买与使用原则

（一）装备选择原则

很多初学者选择装备时没有太多经验，可能会选择那些昂贵的物品，几次之后会发现很不实用。因此，选择装备的基本原则是要选择适合自己的装备，一般从以下五个方面去判断和考虑。

1. 考虑活动内容

活动的形式内容有很多种，比如当天往返的徒步健行和多天的徒步穿越所需要的装备是不一样的。如果只是当天往返的活动，就不需要带帐篷、睡袋之类的物品。但要是多天的活动，袜子和保暖衣等就要多带，还要考虑配备炊具。所以说活动的内容决定了选择何种装备。

2. 考虑场地条件状况

每种场地都有自己特定的地理位置和地形地貌，出行前一定要充分了解相关信息，不能贸然前行，装备也要根据场地条件来选择。很多地方的营地狭小，没有可直接饮用的水，这种情况就需要特别准备净水器之类的东西。

3. 考虑个人能力水平

这一点是具有一定经验后才能作出判断的。如攀岩用的专用鞋子，普通老百姓去体验攀岩，往往穿着贴脚的软底鞋就可以了，但专业攀岩就要使用专业的攀岩鞋。专业的攀岩鞋一般比平时穿的要小一些，这样才可以将脚包住以便更好地用力，一些顶尖高手的攀岩鞋甚至比平时穿的要小上3～4号。如果不了解这些，初次攀岩就选择一双很小很专业的攀岩鞋，就算能穿进去也会很痛苦。

4. 考虑个人经济状况

贵的装备有贵的道理，无论是质量，还是性能，相对会优越一些，但在选择购买时建议选择性价比较高的装备。像一件好的冲锋衣，价钱大约要几千元，但如果只是参加平日简单的登山活动，那么买件普通价位的就

可以，甚至带把雨伞也是不错的选择。专业的雪套可以预防泥水、蚂蟥进到裤管，但用布条自制个绑腿，也可以起到同样的作用。

5. 根据个人使用偏好来选择

装备的选择也有很大的个人喜好因素在里面。每个人都有自己的习惯，有自己喜欢的颜色式样，只要不违背原则，不涉及安全问题，自己用着顺手就是好的。

（二）装备购买原则

1. 合格认证

由于登山是一项高危险性的运动，因而，从此项运动诞生之日起，人们就在不断地研制生产各种装备与器械来保障攀登者的安全。装备合格与否直接关系到户外参与者的生命安全，因而在购买和选用时一定要谨慎。一般来讲，通过国际攀登联合会（UIAA）测试标准或欧洲安全标准（CE）的装备都是合格的。需要注意的是，户外参与者一定要熟练掌握正确的操作方法。

目前世界上公认的攀登装备多由法国、意大利、英国和美国等一些开展登山运动较早的国家生产。近些年来，我国涌现出了很多登山装备的代理商，而且个别装备我国也已自主研发并通过了认证，这为我国开展登山运动提供了便利条件。随着网购的日益风靡，现在很多登山器材或者服装都可以在网上购买。但是从现实的角度来说，不建议在网上购买：首先使用者无法亲自感受与测试网购商品的性能，其次，产品的质量有时无法保证，因此，最好还是到正规的装备店去购买合格的产品，因为这和生命息息相关。

2. 循序渐进

很多使用者会想要让自己看起来很"专业"，对装备还没有进行充分了解，就盲目地购买了所有的东西，但随着登山的深入，逐渐会发现很多东西不实用，甚至根本没用，这样不仅浪费，也会让自己感到苦恼。

购买登山的服装或者装备，一定要循序渐进。起初可以买一些小部件，如背包、水壶等，随着活动参加多了，对装备的认识提高了，再逐渐配备好的睡袋、冲锋衣等。很多装备店的店员缺乏实践经验，总是纸上谈兵，因此使用者还是要依靠经验积累。只有亲身在野外体验，才知道什么样的装备是好的，什么样的装备是合适的。虽说花费的时间可能会多些，但收益却是自己的。

3. 杜绝二手货

很多人喜欢购买二手货，这在户外活动中是极其忌讳的。购买别人使用过的装备，尤其是技术装备，存在着安全隐患。比如一条绳子，可能已经受了很多次大的冲击，里面的绳芯已经无法保证安全，但外表却无法辨认出来。服装或者其他一些户外装备二手货并不是绝对不行，但可能使用起来自己会觉得别扭。因此，不建议购买二手货，主要是安全方面难有保证。

（三）装备使用原则

1. 不外借，不借用

在户外登山中，装备使用的原则之一，就是装备不外借，也不借用他人的。这样既是对自己负责，也是对别人的尊重，因为没有什么比生命更重要的了。

2. 爱惜使用、轻拿轻放

登山中使用的装备器材都很昂贵，而且多数都属于精密产品，很多齿轮、绳子做工精细，使用中要尽可能爱惜，做到轻拿轻放。使用垫子、水壶等户外用品时都要注意，像保温壶磕碰后保温层受损，就会失去保温效果。

3. 妥善存放，认真保养

经历了艰辛的登山后，很多人会好好地放松并奖励自己，但却常常忽略了与之同样付出的装备。例如登山鞋，在长时间徒步之后，鞋底难免会沾满泥沙，因此需要花费时间及时清理。否则，下次再穿鞋的时候，发现鞋底布满污垢会让人感到扫兴。

4. 使用前后要检查

户外服装和用具在使用前后都要仔细检查，因为可能在使用过程中造成损坏，而自己不知道。尤其是一些小的部件，如背包的挂扣、卡子、拉链等，很容易在运输过程中损坏。因此，养成检查的习惯非常重要。

5. 先练后用

所有装备都有使用说明书和示意图，一定要养成好习惯，要先阅读说明书，学会怎么用，再拿到户外去用。比如帐篷，看似简单，其实学问很深。新买的帐篷一定要在家里或院子里学会熟练地搭建，再拿到户外去用。否则，一次都没用过，就直接拿到户外用，不仅耽误休息时间，也可能危及安全。

第五章　高校户外运动项目
训练与实践

本章为高校户外运动项目训练与实践，主要介绍了三个方面的内容，依次是高校户外运动项目实践、高校野外生存能力实践、高校户外运动训练实践。

第一节　高校户外运动项目实践

一、定向运动

（一）定向运动概述

1. 定向运动的定义

定向运动是一项运动规则，参与者根据活动组织者确定的方式和顺序，利用指南针、地图等工具自主选择前进的路线，并按要求检查和拜访地图上标注的地点。胜利的条件是通过尽量少的时间到达标注点，或者找到检查点并获得最高分数。定向运动可以单人参赛，也可以多人组队参赛。

定向运动的地点通常是野外的森林或者城市近郊、公园、规模较大的校园等。这项比赛适合各种年龄段的人参加，比赛的成败仅取决于个人对于地图的识别能力以及野外定向奔跑能力的强弱。但是，为了使游戏的趣味性增加，可以将分辨比赛结果的方法进行相应改变。

这项集智力与体力于一身的体育运动，不仅能够强身健体，还可以锻

炼人的独立思考和在紧急意外情况下迅速决断的能力。

2. 定向运动的路线

不仅能在郊外旅行，还可以在面积较大的校园里进行。其中，标准化的定向路线是用一个三角形表示的起点、用双圆圈表示的终点以及一系列用单圆圈画出的点标。点标已在地图上用阿拉伯数字标明。

在实际的地形中，通常有检查点的存在，即一个橘黄色和白色相间的点的标旗，它代表着运动员们必须要找到的点的位置。在检查点上，都会放置一个或者多个打卡器，而打卡器都有唯一编码。参赛者们应该从起点开始，手持检查卡，根据索道顺序在检查卡上分别留下打卡器的编码，直到回到终点，比赛完成。

定向比赛中，点标与点标之间的路线并不是指定或固定的，而是要求参赛者选择一条最适合自己的路线。相邻两个检查点间的距离以直线为最短，但实际情况中，沿直线前进往往并不是最佳选择。如果沿直线前进，可能会遇到不可翻越的障碍，也可能在没有明显特征的密林中不断地拐弯绕道而迷失方向，还可能因不得不翻越陡峭的山地而过早地耗尽自己的体能，失去宝贵的时间。

在比赛过程中，运动员们要集中精神，不仅要调整好自己的身体状态，还要根据地图考虑实际地形的易跑性如何，结合实际地形、个人能力以及经验等，找出两个检查点之间可以行走的线路，同时要果断地确定自己要行进的路线，然后利用定向技巧等方式沿着自己所选的道路前进。定向运动的精髓就是果断选择路线并借助地图等仪器按照顺序用最快的时间到达目的地。

3. 定向运动的类型

根据运动模式的不同，定向运动被国际定向联合会（International Orienteering Federation）分为徒步定向、山地自行车定向、轮椅定向以及滑雪定向等。徒步定向又称为越野定向。

（1）越野定向

作为组织方式简单且开展广泛的一种定向运动方式，越野定向的成败在于参赛者自身，与其识图、用图以及野外定向和奔跑能力的强弱程度密切相关，因此这项运动不限制年龄和性别。越野定向的形式和比赛方式多种多样，按场地的不同，可以分为野外定向、公园定向、院落定向、军营定向等；按活动时间的不同，可分为白天定向、夜间定向、多日定向等；按比赛距离的不同，可以分为短距离定向、标准距离定向、长距离定向等；按运动水平分级，可以设初级组赛、高级组赛、精英组赛；按评定名次方法的不同，可以分为计时赛和计分赛等。

（2）山地车定向

山地车定向综合了定向运动和山地车运动。在这项运动中，路径的选择和记图能力是最为重要的技巧。高超的山地车技巧是在行进过程中应对陡坡的必要条件，但出于环保的目的，运动员不能够走出规定的行进道路。山地车定向已经成为国际定联承认的最年轻的专业运动，自 2002 年起，每隔两年举行一次世界锦标赛。

（3）轮椅定向

轮椅定向是专为伤残人士设计的定向运动，不仅可以使伤残人士加入定向运动的队伍中，还能给新手们提供定向运动的基本训练机会。因此，这是一项对参赛者有极大吸引力的竞技比赛。首届轮椅定向世界杯大赛于 1999 年正式举办。

（4）滑雪定向

作为国际定联确定的正式比赛项目之一，滑雪定向在东欧国家盛行，诸多世界级高山运动员、越野运动员以及滑雪选手等，都是滑雪定向的高手。此项运动能够以个人或团体等接力比赛的形式进行。

（5）夜间定向

在视力条件不好的夜间进行比赛，使夜间定向成为高难度的比赛形式。但是，这种刺激性也吸引了更多的观众和选手参与其中。国际定联早已将夜间定向列为正式比赛项目。1986 年 10 月 27 日至 28 日，第一届世界级夜间定向锦标赛在匈牙利隆重举行。

（6）接力定向

接力定向是定向越野中的团体比赛项目，成绩的好坏取决于每一位队员的个人能力发挥。在比赛中，比赛线路会被分成若干段，国际比赛项目中通常是四段。团队的每一位选手选择线路的任何一段，团体比赛最终成

绩为每段选手的成绩之和。接力定向的场地中，都会放置一个"中心"站，目的是使观众获得更好的视觉体验。然后，每一个团队的成员在交接时（换段）都要在"中心"的位置触手，不使用接力棒，触手后，下一段的选手继续。这种观赏性良好的比赛项目，已经被国际定联纳入了正式的比赛项目。

4. 定向运动的特征

（1）自然方面的特征

① 运动性。顾名思义，定向运动是一种运动，它与其他体育运动项目一样，是一种身体活动，是以人体运动方式为主要特征进行的活动。科学的人体运动形式都具有特定的规律、规范和规则。

② 智能性。定向运动是体能和智力相结合的运动。从智力角度而言，选手不但要具备地理学、测绘学以及军事地形学方面的知识，而且要具备使用这些知识的能力。

③ 环境性。这项运动是在山区、森林、公园等野外进行，同传统的体育馆式运动有明显的区别。

④ 趣味性。定向运动的比赛形式和活动内容等充满趣味性，能够大大提高人们参与的热情和兴趣。

（2）社会方面的特征

① 游戏性。该运动在发展初期，仅是瑞典童子军的寻宝游戏，直至现在，这种定向比赛的游戏色彩依然十分浓烈。

② 竞技性。进行比赛就要讲规则、争名次、决胜负，其竞争的激烈程度是可想而知的。正是这种竞技的激烈性，使人们更加追求和向往，并且活力四射地投入到其中。

③ 群众性。这是一项群众性体育项目，无论男女老少，都可以参与。据统计，参加定向运动的成员，年龄最小者是 8 岁，最大者是 80 岁。因此，定向运动是一个大众参与的项目。

④ 实用性。过去，瑞典将定向运动作为军队的训练形式。现在，定向运动不仅是军事训练内容，还作为学校的体育课程，同时是现代社会所追捧的一项休闲旅游项目。

（二）参与定向运动需要具备的技能

在定向运动中，能够较熟练地利用国际定向地图和指示方法等是最重要的。为了能够更好地使用定向地图，首先要学会认识定向地图。因此，在学习运动技巧的初级阶段中，需要选择恰当的场地，并且要用较多的时间训练如何使用定向地图和指北针。

1. 标定地图

为了使定向地图的方位和现场方向一致，必须使用标定地图，这也是使用定向地图最重要的前提。

（1）概略标定

在定向地图中，方向是上北、下南、左西、右东。在准确地了解方向之后，参赛者只需要在地图上粗略地标注对应现场的北方即可。这种简单迅速的方法，是如今定向越野中最常用的。

（2）利用磁北线（MN线）标定

首先，将透明式指北针圆盒内的定向箭头"↑"朝向地图上方，并且保证箭头两侧的平行线与地图上的磁北线重合或平行；其次将地图转动，致使磁针北端正对着磁北的方向，也就代表地图已经标定。

（3）利用直长地物标定

直长地物包括道路、沟渠、高压线等，首先需要在地图上将这一段道路的直长物找到，比对着两侧的地形并且使之与现场的地形位置粗略相符，紧接着将地图转动，直到地图上的直长物与现场的直长物方向一致，即代表地图已被标定。

（4）利用明显地形点标定地图

如果已经位于明显地形点上，并且能够从地图中找到自己所在地形点的位置，那么就可以使用明显地形点标定地图。主要方法是：首先选择出一个能够在地图上存在的明显地形点，然后转动手中的地图直到地图上的站立点到目标的连线与现场的站立点到目标的连线重合，代表地图已被标定。

2. 对照地形

对照地形是指通过对地图和现场地形进行细致观察，使图上和现场的

各种地形、地貌"对号入座"，即相互对应。这种对照的主要作用有两点：其一，如果站立点尚未确立，只有认真对照地形，才可以在地图上将正确的站点位置标出。其二，当站立点已经被确认，但需要转变前行的方向时，只有再次对照地形，才能在现场找到已经被选择好的最佳路线。

对照地形时，一般情况下，首先要把地图标定，然后再依据不同的需要适当采取不同的对照方式。针对不同情况主要有两种方法：① 站点尚未确立。将地图粗略标定，然后在现场四周迅速观察，将最有特征或者最大的地物以及地貌的大致方向和位置确定，并在地图上将它们找到，这时，站立点的位置就随之确定。② 站立点已经确立。首先，粗略标定地图；其次，在地图上找出自己所行走路线上的特征物，并且将它们的方向和位置大致确定，同时，将它们在现实场地上找出来；然后，继续前进。

3. 明确站立点

（1）直接确定

如果自己所在的位置就是明显的地形点，那么只需要在地图中找到所在地形点，站立点便随之确定。在奔跑中，这是极其常用的、深受欢迎的方法。但是，直接确定法也存在一定的困难。比如，如果是在紧张的行进过程中，怎么才能很快地确定明显地形点的位置？如果两处明显地形点位置较近，又该如何区分辨别？

其中，能够称为明显地形点的事物有：① 单个地形；② 线状地物的拐弯处、交叉处（"十"字形）、交汇处（"丁"字形）以及端点；③ 面状地物的中心处，或者有特征的边缘地，可以是山地、洼地以及鞍部等地貌形态，或者是谷地拐弯处、交汇点以及山脊、山脊线的转弯点等。

（2）利用位置关系确定

如果站立点的位置和明显地形点的位置较近，就可以采取位置关系法。在使用这一方法时，两个重点要素是：站立点到明显点的方向和站立点到明显点的位置。人们也可以利用高差情况判定地形起伏明显的地点。

（3）利用交会法确定

如果站立点的附近不存在明显地形点，那么可以利用交会法确定站立点。根据不同的情况，可以分为截线法、90 度法、后方交会法以及磁方位角交会法。所有这些方法的优点是，不用测量距离，也能够确定出最准确的站立点位置。对一些初学者学习和巩固定向地图等具有极其重要的作用。

① 截线法。如果待测的点在现状地形中，但在与选手相垂直的方向不存在明显的地形点时，就可以使用这种方法。主要步骤是：确定地图。在线地形数据的基础上，选择地图上存在的地形点，并在其中选择一侧进行标定。使用指北针的直长边缘或者利用三棱尺、铅笔等，放置于地图上明显的定位点，然后将指北针转动直至使直长边对准该地形线。指北针的直长边后方画好一条方向线，确定站立点在图上的位置，也就是这条方向线和线状地形符号的交点处。

② 90度法。如果待测点在线状地形上，如道路、沟渠、谷底线等，在与自己运动方向垂直的方向上找到一个明显的地形点，这种简单的方法就是90度法。线状地形的符号和垂直的方向线之间的交点就是站立点。

③ 后方交会法。一般情况下，适用于地点开阔且视野通透良好。具体步骤为：在地图上找出选定的方位物，将地图标定；依照截线法的具体步骤，在各个方位处画出方向线，地图上各个方向线的交点就是站立点的位置。

④ 磁方位角交会法。在地图和现实场地分别选择两个明显的地形点。利用指北针将两地形点的磁方位角测出。地图标定，并且将刚刚测量的磁方位角在地图上进行图解。在图解时，需要注意的是，首先要转动指北针的分度盘直到指针能够正对所测的方位角值，然后将指北针的直长边分别与地图上被对准的两个地形点相切，并且转动指北针。等到磁针和定向的箭头完全重合之后，分别在直长边处画出方向线。两条方向线的交点，就是站立点应该在图中的位置。

4. 按照地图前进

定向越野的基本方式就是利用地图行进。为了能够更加熟练地利用地图，应该学会辨别方向，同时识别定向地图和标定的地图，对照地形确定站立点也是必要的。因此，在具体的实践过程中，应该根据不同的地形以及个人特点，选出最适合自己的方法和途径，并且多次训练，最终达到在比赛过程中不减速的情况下，仍然能够按照正确的路线顺利到达终点。

（1）记忆法

根据行进的顺序，分别记住行走的每一段、经过的地形点以及道路两侧的参照物等。在记忆之后，运动员往往会获得"人在天上跑，心在图中移"的能力，即实地情景可以不断和脑海中记忆的内容重叠。

（2）拇指辅行法

首先明确站立点以及自己将要行进的路线，待到达目标之后，将地图转动，此时，身体也要随之转动，直到使地图和实地的方向一致。然后使用拇指将站立点的其中一侧压住，接着行进。需要注意的是，在行进过程中，要按照自己想要到达的地方而不断地转动自己的手指，确保位置和方向的连贯性与正确性。

（3）借线法

如果检查点在线状地形附近，便可以采用借线法。在行进过程中，首先明确站立点，然后使用较容易被辨别的线状地形，当作在行进道路上的"引导"，如道路、围栏以及高压线、山背线等，这样一来，在行进过程中就有了足够的自信心。因为这种方法是沿着线状地形行走，就像扶着楼梯一般，所以又被称为"扶手法"。

（4）借点法

如果检查点附近存在高大且明显的地形点，便可以使用这种方法。在进行正式行进之前，可以利用其他物体作为佐证，辅助自己辨别目标，紧接着用自己最快的速度奔向检查点。

（5）导线法

这种方法的适用条件是，站立点距离检查点较远，并且行进过程中地形较复杂。在行进时，必须多次利用一些明显的地形点，保证在行进过程中，方向和路线的绝对正确。一定需要谨慎的是，不能将相似的地形点错误使用。

5. 迷失方向后的措施

如果在现场地点找不到任何目标，且无法确定站立点，就表示已经迷失方向。因此，在不同的行进场景中，应采用不同的方法。

（1）沿道路行进时

在进行地图标定时，同时与实际地形对照，确定错误发生的位置，并评估误差的大小。然后根据实际情况，选择其他道路继续前行。如果错误较少，可以继续按照原来的道路行驶。

（2）运动行进时

最好尽快停止前进，将地图标定好后，确定最合适的方法并且重新选择站立点。如果有可能就采取捷径返回到原来行走的路线；如果实在无法做到，就只能返回原路。

（3）在山林中行进时

首先根据之前错过的方向和距离，找到最开始偏离的地点，然后在这个基础上，确定新的站立点的位置。如果出现的偏差实在太远，不但无法确立站立点，而且不能返回原路，那么就需要观察地图上是否有较大型或者较突出的明显线状地形点。如果存在明显地形点，一定要立即抛弃原本行进的路线向其靠近，然后利用它，将站立点确定。如果不存在明显地形点，则应该继续向前行进，在接下来的道路上遇到能够确立站立点的物体，抓住机会，采用捷径，向目的地前进。

在山林中行进，一定不能在还未确定出错程度和正确的前进方向时，便匆匆采取捷径斜插，这样会导致自己在原地不停兜转。如果完全迷失了方向，并且无法确定"总的方向"，那么可以借助指北针。

二、登山运动

（一）登山运动的类型

首先应该根据登山的难度系数，决定是否需要使用登山设备。一般情况下，登山运动分为探险登山、竞技登山、攀岩登山和普通登山四种。

1. 高山探险登山运动

登山者在各种登山设备的帮助下，经历诸多困境的考验，最终登上较高的山峰。以有雪线的山峰为目的的登山活动，就是高山探险登山，这类登山活动的参与者是一些经过严格训练的运动员。高山探险登山运动对登山者的要求极高，具体如下。第一，必须有极高的身体素质和应对各种恶劣环境考验的意志力和适应力。第二，登山者们应该具有一定的知识储备能力，能够正确运用各种登山装备，同时，可以利用登山技术应对突发的

险情。登山者们应会使用通信、摄像、科研等器材。第三，登山者们需要具有利用专业知识进行科学考察的本领。

2. 竞技登山运动

这项运动又称为技术登山运动，是一种利用专门的攀登技术和设备，攀登悬崖和冰壁的登山运动。目前，在攀登技术上有两种不同的风格类型：一种是力量型，另一种是技术型。两种类型各有千秋，但技术型更具魅力，有人将技术型登山称为"高山上的芭蕾"。

3. 攀岩运动

攀岩运动是登山运动的项目之一，这项运动不依靠任何器具，仅依靠自身的平衡攀登峭壁或者人造的岩壁。通俗来说，攀岩运动就是在岩壁上比赛攀登本领的一项活动。

根据竞赛规程，攀岩比赛可以分为难度攀岩（比攀登的高度、技巧）及速度攀岩（比攀上陡壁的速度）两种。

4. 普通登山活动

普通登山运动是难度系数较低、装备要求较简单的，集旅游和群众性体育运动于一体的登山活动或攀岩比赛。一般分成两种类型：旅游登山和定向登山。

这项旅游和登山相结合的运动在 20 世纪 70 年代随着登山运动的兴起而蓬勃发展。1984 年 9 月，为了使民众的业余娱乐生活更加丰富多彩，中国登山协会以及全国体育总会群众部和宣传部提出恢复"九九重阳登高"活动，同时发动广大群众根据各地实际开展群众性登山活动。随着全民健身热潮的兴起，近年来，旅游登山越来越受群众的青睐。

定向登山和旅游登山的不同之处是定向登山带有更加浓厚的比赛性质，目前在日本、欧洲开展得较为普遍。由于这是一种比赛性质的运动，因此组织起来会更加严密，更具有程序性。

通常要事先选定一座山峰，攀登难度不宜太大，以登顶为目标，将登山者分成若干小组，按照指定路线越过障碍物到达指定位置。在线路上，每一段特殊地形，如江河、峭壁、宿营地等处，都设有裁判员。裁判员对各组通过特殊地形时的路线选择、通过方式、技术装备的使用、攀登技术的运用、宿营地点（地点选择是否安全、生活方便与否、帐篷搭设是否合理等）的选择进行评定。

（二）参与登山运动需要具备的技能

登山是朝着目标山峰一步一步地行进和攀登的过程，从攀登高山的整个过程来看，在登山实践中，可分为行军、休息（短时）和露营（长时）三大部分。

1. 行军

（1）行军原则

① 必须了解山区的地理和气候状况。这样可节省体力，提高行进的速度，也可防止迷失方向。

② 坚持走纵不走横、走梁不走沟的原则。如果不得不越野，应尽量选择在高处行进，一定要避免行走在洼地。主要原因是高处地势高，有助于进行展望，视野良好；同时，通风、干燥的地点，虫害以及杂草较少，更利于行进。

③ 在行走时，要注意行进的速度和节奏。行走过程中，行走的频率要以呼吸为节拍，不能使步调太快，否则容易产生疲劳。如果出现呼吸急促，无法喘气，那就应该适时休息，将脚步放慢，调整呼吸。谨记无论下山还是上山，行进的速度要因人而异，太快或太慢都会造成疲劳。

④ 大步走可以节省很多体力。在前进过程中，最好身体前倾，腰要弯，脚掌着地，切勿用脚尖行走，身体的重心要随着脚落地而左右摇晃。同时注意，不要因为踩到滚石而造成危险。

⑤ 体力分配原则是行军过程中的基本原则之一。通常可以采用 1/3 的体力用于登山，1/3 用于下山，剩下的 1/3 留作余力。只有这样才能保持精力充沛，在持续行走时减少意外事故的发生。

⑥ 行军组队原则。在行军时通常要采用一定的组队方式：走在最前面的是富有经验的领队，应准确掌握队伍的步调和路线，率领队伍按照计划前进。第 2、3 位置是组队行军时的最佳位置，应让给缺乏经验的、体力较弱或负荷较重的队员。领队应处在能掌握全队的位置。如果队伍人数较多，可编成 5～6 人一组的小队。小队的组编，应以不影响到达目的地后的帐篷搭设、营地建设和炊事工作为原则。

（2）行军技术

步行法的好坏是很重要的。熟练的登山者有其独特的步行技术：保持身体平衡，步伐节奏适中，随时调节呼吸。

① 上山步行法。上山步行法与平地步行法基本上没有太大的区别，但上山比走平地耗费体力。因此，需考虑各种条件，如登山者们自身的体能素质、天气状况、团队器械状况等。

刚开始登高时，必须谨慎的是步伐不要太快。不习惯走山路的人，正确的行进姿势是将脚适度地抬起，以更好地节省体力。同时，保持手臂摆动平衡，调整呼吸，不紧不慢地向上行进。

② 下山步行法。下山时使用的能量较少，几乎和平地行走差不多。但是，下山发生意外的情形比上山时要多。因此，行走时应随时看清前面道路的状况，判断好脚部踩踏的位置。切勿一味地向下冲，这样不仅容易滑倒，脚跟和膝关节也容易疼痛。下山时越是陡坡越要慢行。

③ 山脉棱线步行法是常见的登山方式之一。登山通常是沿着山脉的棱线行进，这是最常见的方式。然而，山脉的棱线形态各异。有些由岩石构成，几乎没有任何植被，而有些被茂密的原始森林所覆盖。大多数山脉的棱线都有小径可供行走，如果没有小径，那表示该山很可能是未被人类登山过的。

如果走棱线迷路，且在晚上，一定要谨慎小心。雾气较大的情况下，更要沉着，认真观察四周有无危险，防止因为走错路而消耗过多的体能。

（3）穿林技术

登山者穿过丛林时，应特别注意两点：方向和联系。在穿越山林时，最好请当地经验丰富的人指导，同时带上指南针。还应携带简易的无线电通信设备，加强通信联络工作。另外，不要把登山队伍拉得太长、太涣散，以免和指挥中心失去联系。

个人在穿林和通过高草时，为减少植物的刺伤和蚊虫叮咬，最好穿长袖长裤。如果通过一些藤条交织的地点，则一般需要砍刀的辅助。草深而密的茅草丛地，用刀开路的方法是："不过头，两边分，从中走；不见天，吹个洞，往里钻"。

2. 休息

休息是为了恢复体力，同时可进行行装调整、喝水及进餐。

攀登者可以进行短时间的休息，进行定位以及对周围辨认。在休息时，应注意以下几点：

（1）休息时间的把握

在行进了 20～30 分钟后可以进行第一次休息，调整、增减衣物等。之后每当行进时间达到 50～60 分钟后可以进行一次休息，休息时间为 5～10 分钟。休息时要充分放松。

（2）短暂的休息

为了调整呼吸，缓解疲惫同时恢复体力，登山的过程中需要进行短暂的休息。只需手挂登山杖、弯曲上身，将上体重量移到登山杖上，便可使肩部和腰部得到暂时的放松。但一定注意将登山杖挂稳了，不能打滑，否则便不安全。

（3）较长时间休息活动的安排

为了恢复体力以及补充能量，行进途中常会进行较长时间的休息。可以利用这段时间运动，身体舒展之后再继续其他项目和吃饭。吃饭最好分多次完成，以保障消化功能不会受到影响。同时要注意补充糖分。最好选择安全并且风景好的地点进行休息。垃圾要随时集中起来进行处理，防止污染环境。

三、漂流运动

（一）漂流运动的概述

1. 漂流运动的类型

按照漂流目的可分为探索、发现类漂流和观光、旅游、娱乐类漂流两大类。

探索、发现类漂流包含有人文、地理、气象等综合科学考察，漂流沿途资源、风光、特殊地貌等的发现以及极限运动。观光、旅游、娱乐类漂流是在前者的基础上得以论证，选择出适宜的河段，以经营为目的的商业性漂流。

商业性漂流有惊险刺激的，也有仅是娱乐性质的，目前共有六种等级。

第一级：水流平缓的地点。

第二级：水域整体的水流平缓，带有高 1 米的轻微波浪。

第三级：波浪出现频率高，多是 1.5～2 米高，较有经验的人依旧很容易把握方向。

第四级：浪高 3 米，有经验的人通过也有困难，此时需要躲避障碍物。

第五级：浪的高度超过 3 米，只适合经验丰富的人，难以逾越的障碍物会对漂流者的生命产生威胁。

第六级：顶级漂流运动员达到的水平。

所有的漂流目的不尽相同，河段不同，能够感受体验到不同的地貌、地域、文化等。比如，美国的科罗拉多大峡谷漂流，除了感受水上惊涛骇浪的刺激，还可以领略大峡谷独特的风光；秘鲁的可卡河峡谷，没有一点绿色的植物，但是可以感受在黄褐色的泥浆中漂流的刺激；智利南端的河流，被青山绿水环绕，阳光普照，漂流其中是一种轻松的享受。

2. 漂流运动的意义

（1）唤起大学生的环保意识

在漂流过程中，置身于碧波荡漾的水中，甘洌的清水扑面而来，不仅会让参与者体验到大自然的纯洁，也会让参与者反思，在生活工作中，更应该保护大自然、爱护人类的生活环境。观望和感受漂流沿途的花草树木、鸟语花香，仿佛进入了人间仙境，不仅陶冶了人们的情操，更激发了人们内心深处的环保意识。

（2）培养良好的心理素质

在险象环生的情境下，最能考验一个人的心理素质。面对困难是勇于前行还是就此放弃？通过漂流运动能够增强大学生的心理素质。针对当前部分大学生心理素质低，不能够承受生活、学习和工作的压力，出现种种心理疾病，漂流运动无疑是"一剂良药"。

（3）培养充足的自信心

每当驾舟驶过一处险峻的漂流点，每当冲过一处浪花巨大的水域，无疑会提升参与者的信心。正是由于自己坚强的毅力和耐心，才能到达胜利的彼岸，再回头看看走过的路，已经不再是困难。通过漂流运动，让大学生感受到成功的体验，使学生在学习生活中充满信心，相信自己能行。

3. 漂流运动的注意事项

（1）每年的4月至10月通常是漂流时间。

（2）只有白天才能漂流，黑夜绝不要冒险。夜间应在远离河边的高地上露营。

（3）出发时记得带好一套干净以备更换的衣服，携带一双塑料拖鞋，船上可能会穿。

（4）漂流时现金和贵重物品不要带上船，如果船翻了或其他意外事情发生，丢失后漂流公司和保险公司不会赔偿；如果一定要带相机的话，最好带傻瓜相机，价值不要太高，也要事先用塑料袋包好，经过平滩时打开，过险滩时包上，同时一定要做好可能被丢入水中的思想准备。

（5）如果是自助游，可自行购买短期出游意外保险。

（6）上船首先仔细阅读漂流须知，听从工作人员的安排，一定要穿好救生衣，找到安全绳。

（7）气温不高的时候参与漂流，在出发地购买雨衣。

（8）漂流通过险滩时，要按工作人员的指挥做，紧抓安全绳，收紧双脚，身体向船体中央倾斜，一定不能乱动。

（9）如果船翻了，不要慌，要冷静。

（10）不允许随便下去游泳，即使游泳也应根据船工的建议，在平静的水面游，不能单独行动。

（11）如果船发生意外，应举起船桨，向附近水域的船只求救。

4. 筏的种类

（1）竹筏

竹筏不适合在急流险滩使用，因为容易被卡住或导致翻沉，但在风平浪静时使用竹筏行舟却是别有一番趣味。单层竹筏可能无法支撑太大重量，或者太长难以操作，因此最好制成双层竹筏。将粗壮的竹竿砍成3米长的一段，两端与中央分别钻孔，利用树棍穿过竹孔，再用藤条把每一根竹竿与树棍绑紧。双层竹排间要相互压紧绑结实。

（2）木筏或夹筏

这是最容易制作的一种筏，即用4根足够长的厚实木棍，分别在圆木

柄端将其固定成木排。

（3）混合筏

混合筏是借助可漂浮的油桶、兽皮等，依据竹筏和木筏的构造方法建造成的漂流工具。

（4）独木船

独木船是把一截粗壮的树干中央部分烧空或挖空，或者在上面钉牢桦树皮或兽皮建造而成的漂流工具。

（5）皮筏

一般来说，皮筏的使用范围最广。它采用橡皮或高分子材料制作，有三个或多个独立的气室，在正常使用时不会有漏气问题。同时，皮筏的适应性很强，其材料柔韧性好，又有重气囊可以以柔克刚，即使遇到落差较大的瀑布或险峻的河谷，也能化险为夷。

（二）参与漂流运动需要具备的技能

1. 捆绑技术

（1）方形捆绑

这是捆绑固定横梁的方式。方形捆绑在两者成直角时非常有效。

① 首先制作一个圆材结，之后将绳索在两根横木上下轮流绕横木一周，绳索上下沿逆时针方向围绕横木。

② 缠绕三四周后，转变方向到另一根横木上，沿着相反的方向缠绕。

③ 在一根横木上打个半结，缠绕后在另一根横木上使用丁香结把绳索固定。

（2）圆形捆绑

增加横木的长度或将两根横木叠放在一起时使用圆形捆绑法。

先用绳索在两根横木上打丁香结，然后沿横木将结系紧，再使用丁香结捆绑好另外一端，为了使其绷紧需要在绳子下加一枚楔子。

（3）对角线捆绑

对角线捆绑法在两根横木不是直角相交时最有效，它能够代替方形捆绑法。当横木在重压下彼此重叠时，此方式效果更明显。

① 首先绕着两根横木打一个倾斜状的圆材结。

② 继续缠绕绳索，将圆材结遮住，绕紧，将绳索在靠下面的横木后面变换方向。

③ 按另一个倾斜方向缠绕缚紧再将绳索转个方向，按正方形缠绕三四圈。

④ 用丁香结在一根横木上完成捆绑。

（4）剪式捆绑

剪式捆绑法用于捆绑两根平行木材的末端，可以制作出一个"A"形框架。首先，在其中一根圆木末端打一个丁香结，然后用绳索缠绕住两根圆木，不要过紧。接下来，改变绳索的方向，将绳索在两根圆木之间缠绕两圈，将其牢固捆绑。最后，在另一根圆木末端打结，将圆木拉成剪刀形状，这样的捆绑方式也会更紧固。

2. 对河流基本知识的掌握

河流的某些部分受到错综复杂的巨石的影响，水面变宽成为缓慢流动的表面；在狭窄的悬崖关节中被挤压下来，有些通道是直的，有的是扭曲的，导致主流与悬崖相撞；有些坡度一般，但没有被确定为上游河流，有些则与上游河流落差有很大不同，所以像地平线横在河中。差别很大，但是原因只有以下几个。斜度：河床顺流而下的斜度；平整度：受石块、边缘形状以及砾石形状影响的河床表现；构造：河床的宽窄度；体积：顺流而下的水量（通常以立方米/秒计算）。

应对急流的难度取决于避开障碍物的难度，其受水速、障碍物类型、湍流、河道宽度、弯曲形状等影响。对于特定的水流，这些影响是根据流经位置而变化的，河流探险者必须根据每一条河流的具体情况分析它的特征。急流由以下部分组成。

（1）舌状潮水。很多激流的开头是平稳而快速流动的水，其形状呈倒"V"字形，这个"V"形标志着潮流的通道。

（2）通道。顺流而下的河水通常以不同的大小沿多条通道通行。潮流和通道与河岸很少是平行状态，流动过程中也经常分开。对一个漂流者来说，理解潮流和横跨河面的潮流对船的影响以及如何有效地利用是必不可少的。

（3）形如干草堆的排浪。潮水由快速流动到速度趋缓时，容易形成一

系列持续的大波浪（干草堆排浪），最深的通道常常是平直排列的、持续的干草堆排浪。

（4）漩涡。河水不能停止也不能逆流而上的地方被称为漩涡，是因为石块存在于潮流的中部，或是一个较急的河流转弯的映射。

打旋的水和水泡是顺流而下的潮水和漩涡的分界线的标志，引起原因是顺流而下的主潮水和逆流而上的漩涡中的水之间的摩擦。

（5）河道弯曲。在较急的河道拐弯处，潮水会因为离心力牵引而在外环线堆积。最深的通道和最快的流速是沿着外环线的，因为内环线存在流速较慢的水（可能是漩涡），并且不深。

（6）逆流。逆流是指河水流摆向上或波浪回到原处后形成一个泡沫状的、猛烈的水流。作为最危险的河流特征之一，其有以下情况：孔、阻塞物，水力（阻力），卷曲，侧面卷曲，急流尾部和滚浪。水流过巨石的表面时会引起逆流，这种原因使穿孔的情况十分多见。水流过岩石上面再注入河底，在水面形成间隙，这个间隙被往回的逆流填满。从逆流可以看出水孔后面有很多平整的、泡沫状的小水坑。

另一种典型的逆流发生地点是垂直下落的瀑布底部。这种水力现象的形成虽然与穿孔很相似，但比它强，因为这些水涌向瀑布底时势能巨大，底部泡沫状的逆流可能会抓住游泳者和木筏，所以十分危险。间断连续的波浪是另一种逆流，它与间断的海洋波浪非常相似，能够打击木筏。

3. 特殊情况的处理措施

本书将介绍一些河上特殊的自救和求生技巧，如果读者们都能够熟悉并能够冷静迅速地应用，将能够有效应对以下紧急情况。

（1）游过急流

① 平静面对。面对急流保持平静，用脚避开前面的岩石，向后轻轻斜靠，用桨为自己把握方向。

② 屏住呼吸。在大波浪中，先做深呼吸，之后屏住呼吸面对泡沫状的浪尖，直到急流进入岸边漩涡或退回。

③ 远离船只。挤在船和岩石之间是最可怕的。因此要远离船只，在顺流的一侧尤其要注意。举起桨可以求救，竖直举起的桨会告诉别的船只这儿有一个人在船上。

④ 防止体温过低。要注意，游泳者的力气在冰冷的水中，不到十分钟就会被耗尽。对于经历了远程游泳的人来说，应采取针对体温过低和受到冲击的救护。

（2）与岩石碰撞

当发现避不开岩石（这种情况确实存在）时，可以选择在碰撞前掉转船头，或是船头撞上岩石。

① 掉转船头。掉转船头轻旋船身，绕开岩石。

② 船头撞上岩石。让船头撞上岩石后船会立即停下，也可通过旋转调整航线。

③ 船侧有岩石。最好在碰上之前，全体船员到离岩石最近的船侧，船员的重量将会让顺流船绕开岩石。

（3）沉陷

如果因为碰撞岩石而沉陷，可以用绳子向岸上求助，也可采取以下措施应对。

① 用一根粗绳绕成"D"形环，穿过水道（有必要时可在前面打个孔）或船后面的船架。

② 可以借助拉力系统（由蝴蝶状的环或卡宾轮组成）提升。

③ 用力拉起船离开水域，借助船头或船尾的绳让船逐渐靠岸。

④ 如果上述都不可行，那么人可以在岸边排成一条线，等待水位的改变。其中，最重要的是要保证每个人的人身安全。

（4）漩涡

卷曲的波浪会撞回到船上而使船停下来，水也会立即往船舱内灌，船会猛烈地旋转甚至倾斜，除非船借助于巨大的惯性冲过漩涡才能避免。船会被巨大的漩涡掀翻，但是，船因浸泡而加重，所以这种情况不常发生。

应对的措施是用桨或橹划动顺流的水以从漩涡中脱身而出，尽管漩涡表层的水通常是逆流，但在其下层及漩涡的旁侧都有水流。

（5）倾覆

倾覆是由大的漩涡、波浪、单侧的波涛及障碍（如石头和倒下的枯树等）所引发的。救护对象按先后顺序依次是：自己、船上的其他乘员、装备。可采取以下措施应对。

① 尝试跳开，避免与障碍相撞。

② 尽量浮在水面上，不要陷入船与石头之间的逆流中。

③ 上岸避开这一段急流水域。

④ 最好与同伴一起行动，发现有人失踪时要检查船舱，观察他是否被绳索或衣物缠住，首先应确定的是成员的安全而不是担心装备。

⑤ 倾覆的船内情况非常复杂，通常有其他船只的帮助才能游向岸边，操作地点应在远离急流的平静水面上。救援船只逆水接近，捞起倾覆船只的一条缆绳，之后把它牵往岸边，其余船只沿途搭救落水者并快速清点人数。

（6）靠岸

① 无法避开急流与瀑布，如果是在无人的急流区，系上救生绳可以帮助船驶过。

② 在岸上也要密切关注与控制船，切记不可将绳索套在自己身上，在绳上打个结或将绳绕在树上都可实现对船的控制。

③ 靠岸时，记得携带所有物品。

第二节　高校户外野外生存能力实践

野外生存是户外运动中比较基础的活动项目之一，涉及人们在自然条件下的吃、住、行以及在户外的人身安全与舒适。

一、野外生存的概述

（一）野外生存的定义

野外是和人们的居住地相对应的地点。和户外不同的是，野外更加强调环境自身的原始性和自然性。因此，本书所涉及的"野外"概念，除了"田野""旷野"之外，更注重的是人迹罕至的自然生态环境。

生存是指维持生命所涉及的所有行为的总和。在不同的环境状态下，生存的含义也有所不同。在紧急的生死关头，生存可以被理解为"继续存活下去"的意思。

人们可以将野外生存理解为在远离居住地的丛林、荒野、高原甚至是孤岛等地区，在缺乏能够维持生命生存的物质条件下，一些人以及小的团体，在短期内维持生命和健康的手段和方式。

总的来说，"野外生存"主要包括猎捕动物和采食野生植物充饥，就地取材，构筑简易的露营遮棚，判定方位，掌握野外危险的自救等，即吃、住、行、自救4项。

（二）野外生存的分类

野外生存分为被动性和主动性两种。

被动性野外生存主要是由无法预测的外界因素所引起，例如自然灾害、迷路、交通工具事故、战争等。虽然这种情况并不常见，但也无法完全避免。因此，积极主动地参加野外生存训练、学习和掌握与野外生存相关的知识和技能是非常必要的。这样我们就能够做好心理准备、知识准备和技巧准备，以应对可能发生的各种情况。

主动性野外生存是专门模拟一些场景并提前安排一些活动，使参加的队员们在完成预期计划后，达到磨炼自我、战胜艰难险阻的目的。主动性野外生存、环境适用本领训练以及自我潜能的开发正是人类适应环境变化、充分发挥主动性的良好手段。

（三）野外生存训练的意义

1. 帮助学生掌握野外生存的技术

通过一系列的野外生存训练，学生们可以学会烧锅做饭、下河捕鱼、搭建食宿帐篷、看地图、使用GPS和指北针等基本的野外生存技能。同时，在应对紧急情况后，还可学会怎么处理有毒的植物等。

2. 帮助学生不断提升自我素质

"野外生存训练"不仅可以帮助同学们提高身体的各项机能，还可以培养学生们沉着冷静、勇于探索、克服困境、迎难而上的意志品质。

3. 帮助学生满足社会发展综合需要

在训练过程中，学生们可以逐渐学会默契配合，从原本的不融洽相处到和谐共赢、互相理解和信任。从以自我为中心到以集体利益为重，并且

主动考虑他人帮助他人。

4. 帮助学生增强审美和环保意识

在野外生存训练中，学生们离开了大城市，远离了喧嚣，回归宁静的大自然，净化了心灵。同时，能够在心里树立起爱护环境，保护大自然的绿色环保意识。

二、野外生存需要的基本技能

（一）获取基本生存材料

1. 野外取水

（1）水源线索。多种生长茂盛的植物；大片郁郁葱葱的草地；注意观察有许多动物会在黎明或黄昏时分出来觅水；动物的足迹；岩石地带的泉水与渗出的流水。

（2）制水方法。利用太阳能蒸馏器；利用植物蒸发袋。

（3）水的净化方法。把水煮沸；利用水质净化药片（清水用 1 片，浑水用 2 片）；在清水内滴入适量的 2% 的碘溶液，静置 30 分钟以上即可饮用。

（4）污染水质的识别方法。① 带有异常气味，或者水面上漂浮着泡沫、气水水源。② 已经改变颜色或者褪色的水源。③ 水源地周围缺少健康绿色植物。

2. 寻找食物

不是任何植物都能够食用，其中包括大量的有毒植物，一旦食用了这些植物，轻者会引起不良反应，重者将出现生命危险。因此，对可食野生植物的识别是野外生存的重要技能。鉴别植物是否有毒的常规方法分四个步骤：查看。一般情况下有毒植物呈现出特殊形态和色彩，或分泌有色的液体。嗅闻。如果有令人厌恶的苦杏仁或桃树皮气味则应稍稍挤榨一些汁液滴涂在前上臂，如感觉有所不适即为有毒植物。舔尝。触动唇部、口角，舌尖舔尝，舌根舔尝，咀嚼一小块植物，如有不适应尽快扔掉。吞咽。吞咽一小块植物，耐心等待 5 小时，其间不吃其他食物，如有不适，应为有毒植物。

（1）野外能食用的植物

① 菩提树。树干挺拔，高可达 26 米，常分布于潮湿林区。叶片大，呈心形，边缘有锯齿。黄花满溢清香簇生。幼叶及尚未伸展的叶芽都可以生食，花可以用来泡茶。② 普通夜樱草。分布于较为干旱的开阔原野。体型较高，多叶，有绒毛。叶片呈梭形，叶缘有皱。有时在红色花茎顶端长出大型黄色四瓣花。其根煮熟后可食用，煮食过程中应多次换水以冲淡刺激性气味。③ 蛇麻草。分布于灌木丛中的攀缘性植物，茎长而扭曲，叶缘有锯齿，呈三瓣。绿色钟形雌花。切成片煮沸可供食用，花可以用来泡茶。④ 马齿苋。生于田野路边及庭院废墟等向阳处。为马齿苋科，一年生草本植物，高 10～30 厘米。全株光滑无毛，肉质多汁。茎侧生，阴面为绿色，阳面为红褐色。叶片肥厚，光滑柔软，马齿状，叶柄极短。国内各地均有分布。

（2）野外能食用的根

大部分植物根或块根中富含淀粉，但食用时为确保安全应将其彻底煮沸。① 节节草是一种木贼科木贼属植物，平均高约 30～60 厘米。它是多年生植物，根茎细长且深入土中，呈黑褐色。茎细弱而绿色，表面有条棱，叶状类似鳞片。花穗呈白色或淡紫色，主要生长在野荒之地或多林地区。节节草的根部可浸泡去除苦涩味，经过烹煮后可作为食物食用。② 山药。多年缠绕型草本；叶三角形、有 7～9 条叶脉，具长柄；茎缠绕；根茎圆柱状，肥大、肉质、具黏液，可食用（熟食较佳）；叶基部聚生芽球，可播种，也可食用（熟食较佳）。③ 桔梗。多年生草本；单花顶生，花冠钟形；茎长而且立；叶轮生；结蒴果，近卵形，蒴果成熟后，在顶端 5 瓣裂；根部肥大、粗壮，可入药也可食用（朝鲜族著名的"狗宝咸菜"就是用桔梗根部腌制而成）。生于林下，山地林下为主，全国分布。食用前用水浸泡可去异味，水煮后易于消化，可大量食用。

（3）野外可以食用的果实

从夏季开始，野外生存的水果和坚果便会成为求生者们最重要的食物。许多野果的分布较广，较寒冷的苔原地区仍然可以生长。① 山楂树。大多分布在灌木以及野外的荒原地区，为刺小的灌木林，羽状叶子，白色、淡紫色、红色小花生长在花枝上，浆果色的果实可以生吃，多在秋季成熟。

而树干的嫩茎同样可以食用。② 野桑树。树干高 6～20 米，叶子多为卵状，部分叶子有裂口。叶腋处存在柔软花絮，果实为浆果色，可以直接食用。在温带多林地区广泛存在。③ 山梨树。树干高达 15 米，树皮颜色为灰色，表皮光滑。白色花朵生长在伞状花萼上。果实往往簇生，成熟后可食用，呈现橘红色，但具有刺激性的酸味。在森林地区常见该树种。④ 毛栗。树木高大，多生长于山坡野地。叶子有卵状、心形，叶边缘存在锯齿。果实外壳为棕黄色，外部被毛外壳包裹，果肉营养丰富。⑤ 柿树。虽各地都有引种，但大多分布在东亚和美国南部的温暖干燥地带。树干最高可达 20 米。叶子较小，边缘呈波浪形，富含维生素 C，可以制茶。果实类似于西红柿，从黄色可变成红色、紫红色，直接生吃。⑥ 野生猕猴桃。落叶乔木，叶片边缘具锐锯齿，果实为浆果，长圆形，多为绿色，表面光滑。生于山林，海拔 200～800 米，我国大部分地区有分布。野生猕猴桃果实可直接食用，味美、口感好。

（4）野外有毒的野菜

① 老公子，又名蛇床子、野胡萝卜。根部在幼苗时为灰色，长大后呈浅黄色，像胡萝卜。叶柄为黄色。幼苗和茎发红，无臭味；但成年后的臭味很大，叶和根都有剧毒，吃后会造成死亡。② 狼毒草，又名断肠草。叶片呈线形，花黄色、白色或者紫红色。根浅黄色，有甜味。全棵有毒，根部的毒性最大。其中毒症状为：呕吐、胃灼热、腹痛不止，严重的可造成死亡。③ 曲菜娘子。根部冬季不死，春天出芽，长出小苗。叶狭长，较厚而硬，叶边有锯齿，大部分叶子贴着地面生长，秋后抽茎，籽很小，上有白毛。幼苗容易和曲菜苗相混，区分方法是曲菜叶较宽而且柔软，锯齿不明显。吃了脸部会变肿。④ 苍耳子，又称为耳棵，常见于田间、路旁和洼地。三四月份会生长出小苗，幼苗看起来像黄豆芽，在阳光下则有点像向日葵苗。成年后，苍耳子的茎变粗，叶片呈心脏形状，并具有锯齿状边缘。秋天过后，它会结出带有硬刺的成熟种子。整株植物都有毒性，其中幼芽和种子的毒性最强。食用后可能导致严重后果，甚至致命。⑤ 毒芹，也被称为野芹菜、白头翁或毒人参，通常生长在潮湿的地方。它的叶片类似芹菜叶，夏季会开花并散发出难闻的气味。整株植物都具有毒性，其中花的毒性最强。中毒后可能出现恶心、呕吐、四肢发冷、手脚麻痹等症状，严

重情况下可能导致死亡。⑥ 毒蘑菇。其种类很多，常见的有：毒伞、褐鳞小伞、白毒伞、黑包脚伞、内绿菌、褐脚伞、残托斑毒伞、鬼笔。生长在腐烂的物品上，形状特殊，颜色鲜艳，有白色、红色、黄色。上述 8 种都含剧毒。值得一提的是，蘑菇的颜色、外形、形态等特征与其毒素没有必然的联系。民间许多关于毒蘑菇和可食蘑菇的识别方法不一定可靠，因此，在采食蘑菇的时候，应该十分谨慎。如果存在疑惑，不能确认是否有毒，则坚决不采、不食，以免发生危险。⑦ 曼陀罗，又名山茄子。直立草本，高 1~2 厘米。叶宽，卵形，长 8~12 厘米，宽 4~12 厘米，顶端渐尖，基部不对称楔形，长 5~13 厘米，宽 4~6 厘米，全缘或有波状短齿。花单生，直立；花萼筒状，稍有棱裂，长 4~6 厘米，顶端 5 裂，不紧贴花冠筒；花冠漏斗状，白色、紫色或淡黄色，常有重瓣。蒴果近球形或扁球形。

（5）淡水区域能食用的鱼虾

一般情况下，河蟹和虾平时都藏在瀑布下的岩石，或是溪流的石块底部，如果能够发现巢穴，就能捕捞很多。在一些较为清澈的湖水以及河水中，也生长着部分身体透明的虾。由于这些小动物的动作极其敏捷，因此极难用手抓到，如果借助捕鱼网或纱布等工具，成功率会大大提高。

3. 点火

在野外可以采用打火石、钢片，或使用放大镜、冰磨制凸透镜等聚焦太阳光，也可使用钻木取火的方式来点火。

燃木的材料有：火种、引火物、燃料。

（1）火种可以使用随身携带的棉花，应谨记将棉花放置在防火防潮的容器中。一些干燥的树枝、树叶等都可以作为引火物。燃料更是易得，干枯的大树干、干草、干燥的牛粪等都可使用。

（2）燃火地点应满足能够安全烹饪食物和取暖，同时注意避免引燃其他物品，防止野外森林火灾。

（二）制作基础的生活用具

1. 搭建帐篷

（1）选择地点。在考虑风向及地形后，选择一个平坦之地。

（2）检查帐篷用具。

（3）铺设地面垫料。

（4）竖起支柱，拉开主绳。

（5）调整主绳，拉起角绳、腰绳。

（6）固定墙壁。

2. 搭建床铺

首先，仿照管型床的做法制作床的支架，使用两个大的树干作为横挡并且将其绑在支架的支撑腿上，保证两边都留有空余。然后，使用树干做成梯子形状，再将其牢固地绑在支架的横挡上。最后，将树叶铺在梯子上，床铺就算完成。

3. 搭建炉灶

（1）蛇形洞火炉

这种形状的火炉可以有效防止风对火苗的干扰。在泥质厚实且牢固的地方挖出深度为 45 厘米的洞坑，然后在洞坑中放一根木棍，并且不断搅动木棍，使之形成一个烟囱状的通道。最后将泥土清理干净，在洞坑中点火即可。再做一个合适的通道，使火炉一经点燃就可以烧烤任何食物。

（2）高空火炉

虽然这种火炉较难搭建，但是其功能非常强大，不仅能够烧熟任何食物，还可以依靠其散发的热量在其顶部做菜。

在搭建时，首先挖出环状主洞穴，然后在其一侧挖出约 24 厘米的洞，通向主洞穴处，在主洞穴的两侧用石块建成一个类似于圆柱的筒架，并架在坑道上。最后检查哪里存在缝隙，用泥土修补缝隙，这样就能将火苗完全隐蔽。

（3）壕沟火炉

火堆在地面以下搭建，可以避免大风的影响。搭建简单，只需要挖出长、宽、高分别是 30、40、50 厘米的壕沟，并在沟的底部把岩石碎屑铺平即可。

4. 掌握生火的方法

（1）为节省体力，可以在距离水源地较近的地点搭建火炉。但是，要注意选择背风口，防止由于大风导致火势太大。总而言之，首选的应是干燥且具有较少引火源的地点。

（2）收集点火物（树皮、枯叶、干草等或者酒精和石蜡）、引火物（树叶以及干枯的树条）、主材（耐烧的粗木材，保证燃烧时间长久）。

（3）挖灶底。根据风力的强弱选择深浅的灶底。将灶底附近的地面打扫干净，如果在雨天，可以使用石头搭建灶底。一定不能把薪柴等燃物放在下风向处。

（4）在灶底将圆木铺好，然后搭建起锥形柴堆，在中间先放引火物，最后使用燃火物塞满。

（5）点火。偶尔添加薪柴使火势保持稳定。

如果有过夜的需求，则可以添加大的圆木，使之燃烧到天明。但是为预防各种危险，最好还是安排人员轮值。

此外，善后的处理同样非常重要：将火完全熄灭，然后等到灰烬冷却后，将其完全铺开。挖泥土将沟底填平，然后撒一些泥土、树叶等，使之与周围的环境保持基本一致。处理的关键是将火堆完全熄灭，因为很多森林火灾的发生都源于未经彻底处理的火堆。

5. 修建厕所

首先挖一个长 1.25 米，宽 45 厘米的壕沟，然后利用岩石和木材在壕沟上搭建"座位"，使座位的一部分埋在土中，另一部分暴露在空气中。如果人较少，则留下一个洞口即可；如果人多，则多留几个。留洞口的方法是将一些木棒放在座位上。为了避免苍蝇侵扰，可以在壕沟里撒薄薄的一层草木灰。

选择一块大的木板或者大的树叶作为厕所的盖子，上面压上小石块。安全起见，这些盖子要经常用新的替换。否则，若有苍蝇在粪便上驻足后，又落到食物上，就会传播病菌。

（三）野外生存常见的求救信号

由于野外的环境极其恶劣，因此难免会发生一些突发的灾难。作为一个合格的野外生存者，了解如何通知别人、紧急救援是必备的技能。一旦遇险，一定要想方设法与其他人取得联系，不断发出信号以寻求别人的注意。

1. 烟火信号

烟火作为一种联络信号方式，被认为极其有效。国际上通行的求救信号是燃放三堆火焰。为了达到最佳效果，火堆被摆放成一个三角形，同时保持相等的距离，这样点燃火堆就更加容易。但是，如果身边的燃料紧缺，或者自己受伤无法寻找更多的燃料，那么可以简单点燃一堆。为了使求救信号更加可靠，白天时，可以在火堆上放一些青嫩的树枝以及苔藓，使火堆能够产生浓烟，晚上时可以加干柴，使火堆烧得更旺，火势更大。

2. 地对空信号

在没有条件发送信号时，可以通过染色，或制作各种标志、图形发出求救信号。

在求救中，地面痕迹标志是一种很重要的信号，一般可以在草地、海滩、雪原等较开阔的地面作标志。可以用脚踩出或挖出图形信号、字母（如SOS），为了使图形和字母更加清晰，可以用土和石头以及树枝等将字母、图形的边缘围起来。在雪地上，可以用雪将字母或图形堆起来以引人注目。务必把图形或字母做得大一些，以便使路过的飞机也能看到。推荐的尺寸是每个信号长 10 米、宽 3 米，每个信号间隔 3 米。

如果能踩出一条宽 3.7 米和直径 22.8 米的环形路，扰乱地形的自然状态，也可构成有效的信号。一片被踩平的草地或一片被烧焦的山野，也是很容易引人注意的。

3. 旗语信号

制作方法是：在木棒上系上旗子或者是颜色较鲜亮的布。摇旗时，在左侧长划、右侧短划，并且加大手的动作幅度，做出八字形的运动。如果距离对方较近，那么简单地划动即可，左侧长划一次，右侧短划一次。

4. 声音信号

如果离得比较近，可以采用三声短音一声长音的求救呼喊方式，然后等待 1 分钟后再次呼救。

5. 反光信号

利用阳光和反射镜等可以发出反光信号，罐头盒的盖子、玻璃、金属轴片等都可以使用，但最理想的是镜子。持续不断的反光可以产生长线和远点，这种信号是莫尔斯代码的一种，即使是随意的反照，也可使人注意。

（四）野外生存常见的疾病防治类型

1. 防治昆虫叮咬

在野外，为防止蚊虫叮咬，最好穿长袖和裤子，然后将袖口、领口以及皮肤暴露的地方涂满防止蚊虫叮咬的药。注意不要在潮湿的地面上坐卧。在晚上露营时，可以在火堆中放置一些艾草、青蒿、野菊花、柏树叶等驱赶蚊虫。被叮咬后也不要着急，氨水、肥皂水、小苏打水、盐水以及氧化锌等碱性药物都可以止痒消毒。

2. 晕厥

在野外，晕厥的原因大多是摔伤、饥饿过度、疲劳过度等。其表现是脸色苍白、脉搏缓慢、失去知觉，但过一会儿会自动醒来，所以不必惊慌。在醒来后，注意休息，多喝点热水即可痊愈。

3. 中暑

中暑的症状是头晕、恶心、昏迷、湿冷、瞳孔放大，同时发高烧。在中暑发病之前，往往会伴随眼前发黑、浑身无力以及口渴头晕的症状。这时，便应该前往阴凉的通风处，将衣带解开，然后服用十滴水、仁丹等药物。在发烧之前，可以用凉水冲头，或者额头敷冷水，也可以掐人中、合谷穴使之清醒。

4. 中毒

中毒会伴随恶心、呕吐、腹泻以及胃疼，甚至心脏衰竭等。如果遇到这样的情况，最应该做的是洗胃，通过喝大量的水，然后用手指触碰咽部催吐。紧接着吃蓖麻油清洗胃肠、活性炭解毒，同时多喝水。为了保证心脏能够正常跳动，应多喝糖水等，并立即送往医院救治。

5. 冻伤

皮肤一旦发红、发白、发凉同时发硬，就代表可能已经冻伤了，这时应该保持皮肤血液循环通畅，用手或者干燥的绒布等不断摩擦冻伤处，如果冻伤较轻，可以使用辣椒泡酒擦涂。但是，如果已经出现身体僵硬的情况，必须首先摩擦肢体，然后做人工呼吸，等到伤者稍微恢复意识，再将其抬至温暖的地方实施抢救。

6. 蜇伤

被蝎子、蜈蚣、马蜂等毒虫蜇伤后，会出现伤口红肿、疼痒、恶心、头晕的情况。首先要将毒液挤出，然后将马齿苋捣碎，汁外服，渣外敷，或者用肥皂水、烟油、醋、氨水等擦涂。

7. 骨折或脱臼

一旦骨折或脱臼，则应该用夹板固定，然后冰敷消肿。如果从大岩石或者大树上掉下来伤到脊椎，那么应将其抬到平坦并且稳固的担架上，不能让患者的身子晃动，并送往医院急救。

8. 雷雨

在雷雨天，一定不能在巨石、悬崖以及山洞口躲避，因为这些地方会产生电弧，电流会直下，将躲避者击伤。不要躲在荒野中完全孤立的小屋，避免高地，远离大树和金属物体是关键。如果这时在游艇上，则应立即上岸，如果在大型游船上，则应躲在甲板之下。

9. 失温

失温是指人体热量流失大于热量补给，从而造成核心区温度降低，出现打寒战、行动迟缓、心肺功能衰竭等症状，严重可致死亡。在野外中应该避免淋湿和暴露在寒风中；避免出现脱水症状；采取适当的保暖措施，注意保持体温。如果遇到失温的情况，应该马上采取措施，如果条件允许的话，可以将伤者带到遮蔽所，喂食物和热水；对严重失温的病人应缓慢回温。

（五）野外行走的基本原则

作为野外生存必备的技能，野外行走的基本原则是安全，也就是防止出现迷失方向的情况，防止发生危险事故，同时应节省体力，逐渐提高行进速度。在爬山时，行走的原则是走纵不走横、走梁不走沟，不要轻易穿林翻山。如果没有山路可走，那么尽量在山脊、山梁等地形简单、视野开阔、林木稀疏的地方行走。不到万不得已，不能在深沟、密林、山谷中行走。务必要避开或绕行沼泽地。渡河是野外活动常遇到的障碍，横渡河流，不要草率入水，虽然河流清澈见底，但是水深湍急，因此应该细心观察后及时确定渡河方法，尽可能选择河水较浅、没有暗礁和漩涡的地点。在需要涉水渡河时，为避免河底的石头划破脚底，应尽量穿鞋，穿鞋也能更好地维持平衡。但是，如果河底是淤泥地，则应该脱掉鞋袜，光脚过河。

第三节　高校户外运动训练实践

一、破冰户外项目

"破冰"一词来自冰山理论，是把人比作冰山，将人的意识比作冰山的一角，"破冰"就是通过把人的注意力集中，使团队之间互相打破猜忌、怀疑，拉近队友距离、增进感情与了解程度。

现重点介绍以下几种破冰户外项目。

（一）面对面介绍

项目介绍：参与人员围成两个同心圆，面对面站立，向对面的同伴做自我介绍。

项目人数：至少 20 人。

项目时间：15 分钟。

场地器材：一块平地。

项目目标：参与者打破尴尬迅速融入集体。

项目过程：所有参与者相对围成两个同心圆，唱歌的同时转动，内圆和外圆的旋转方向相反。一首歌结束时停止转动，面对面的人相互握手做自我介绍。循环操作。

注意事项：在学生玩游戏时，教师要注意参与者之间的空隙，以防出现拥挤、踩踏等伤害事故。

拓展思考：怎样出色地介绍自己？在同伴介绍时，如何更好地倾听？

（二）大树与松鼠

项目介绍：团队破冰。

项目人数：至少 10 人。

项目时间：5~10 分钟。

场地器材：一块平地。

项目目标：激发气氛。

项目过程：事先将参与者三人一组分好组，每组内部选两人双手握住形成一个圆圈当做"树洞"，扮演"大树"的角色，剩下的一个同伴站在"树洞"中间扮演"松鼠"，其余学生是自由人。当教师喊"松鼠"时，"松鼠"必须重新选择其他的"大树"，"大树"不需要动；自由人成为"松鼠"也要去寻找"大树"，没有找到"大树"的"松鼠"需要表演节目。当教师喊"大树"时，"大树"需要重新组合同时寻找新的"松鼠"，这时"松鼠"不动；自由人则需要扮演"大树"，没有组成"大树"的人表演节目。当教师喊"地震"时，全部人重新自由组合成"大树"或"松鼠"，落单的人表演节目。

注意事项：跑动过程中注意安全，防止受伤。

拓展思考：如何更好地熟悉同伴的动向和行动风格？

（三）信任之旅

项目介绍：这是一个个人挑战与团队相结合的项目。

项目人数：不限。

项目时间：不限。

场地器材：一块室外场地，或是一块可以跨过、绕过、钻过不同障碍的场地；与人数相等数量的眼罩和 A4 白纸。

项目目标：锻炼团队成员的沟通能力，感受友爱的氛围和信任的作用。

项目过程：教师为大家介绍项目名称和各项要求。选定一名引导员、一名安全记录员，其余学生戴上眼罩。戴上眼罩之后，全体"盲人"学生在原地 2 分钟内不能发出声音，用手上的一张 A4 白纸折叠一个最能代表自己本身手工能力的作品，安全记录员在这一段时间内负责监督。引导员用 2 分钟时间带领参与者探路此次活动途经之处，并简单通知危险的地方。记录员收集记录手工作品后，旅程开始。开始时大家有 3 分钟时间可以讲话，之后任务完成之前不得发出任何声音。"盲人"学生依次牵手（或双手搭在前一位学生肩上）前行，教师叫停时，所有人在原地立刻停止动作。

注意事项：活动中注意安全遵守规则，不得摘下眼罩，不得在禁声期讲话，否则接受惩罚。道路地面要平整，障碍物设置应当明显，尖锐的障不得物不得采用。学员戴上眼罩后不要随意移动。引导员不能主观有意加大难度，禁止开玩笑。一定要提醒学员摘下眼罩时先闭一会眼睛，再慢慢睁开。

拓展思考：我们采取了什么办法去沟通？3 分钟是怎样运用的？信任在完成活动的过程中有什么重要意义？

二、沟通户外项目

沟通是人际交流的重要工具，是人与人之间、人与群体之间思想与感情的传递和反馈过程，包括语言（口头语言、书面语言）沟通和非语言（声音、语气、肢体动作）沟通。语言和非语言沟通的结合是沟通最有效的方式。大学生提高个人为人处世能力和个人魅力首先要具备良好的沟通能力。而户外训练可以帮助大学生提高此能力。现重点介绍以下几种沟通户外项目。

（一）孤岛求生

项目介绍：企业管理的经典项目之一，模拟孤岛环境，使人引以为戒，扬长避短，正确对待生活。

项目人数：16 人左右。

项目时间：1 小时 40 分钟。

场地器材：平坦，方箱拜访紧密平稳；三座岛之间的距离以木板可以搭上为准。器材为长和宽均为 120 厘米，高为 25 厘米的专用孤岛，2 块 25 厘米宽、3 厘米厚的木板（木板横向叠放在盲人岛上），一个塑料桶，网球 5 个左右，任务书 1 套，报纸 2 张，生鸡蛋 2 个，筷子 2 双，一段 50 厘米透明胶带缠在筷子上，1 支笔，眼罩 6 个。

项目目标：发现主动与双向沟通的重要性，学习上行沟通、下行沟通、平行沟通的不同技巧。突破思维定式，寻求更加有效的沟通方法，培养创新与风险意识。信息公开和共享，不保留可能会对他人有用的信息。领导艺术与领导力的学习。分享时间管理与"二八法则"。培养学生全局观念和责任意识。

项目过程：

（1）项目布置。① 参与者男女搭配分开随机分成 3 组，根据具体情况可以做出调整。团队中人员的职业角色与岛上角色尽可能互换。② 用箱子来组成哑人岛、珍珠岛、盲人岛。哑人岛、珍珠岛要比盲人岛大一些。③ 选择一个力气较大的男成员首先把一组人（不少于 3 人）带至哑人岛，说明游戏规则：哑人岛的人不能说话、嘴里不许发出任何声音，违规者将接受惩罚或取消游戏资格。同样，将另一组人带至珍珠岛。将最后一组人带至盲人岛，说明规定：盲人岛上的人均需要戴上眼罩。将珍珠岛任务书、鸡蛋、笔、白纸、筷子与胶带发给珍珠岛上远离其他岛方向的学生。将任务书交给哑人岛任意一人，最后悄悄将盲人岛任务书放在一名成员手里，之后分发给不同学员羽毛球。至此，项目开始，40 分钟为限。

（2）项目控制。严格按照项目规则进行，发现违反规定者发出警告并制止。聋哑人在盲人未投进球前挪动木板算违规，应给予警告或进行处罚。如学生不能隔岛传递或两岛之间传看任务书，发现应立即制止，并警告或进行处罚。如果项目时间过去大半仍无人下岛，建议学生重新仔细研读任务书。项目刚开始时假使有人无意落水，可假装未看见；如若时间过半，则可以利用学员偶然落水的机会将其带至盲人岛。除盲人外其他任何人不得触球，当发现盲人长时间无法扔进球时，可以把桶挪近。除哑人外其他任何人不得搭放木板，当发现哑人很努力但是木板的一端仍着地时，可以不将木板拖至盲人岛。

（3）项目总结。选择同一个岛上的一群学生进行互相交流，分享彼此的感受。引导学生完成任务后，详细分析影响任务完成的关键因素。引导学生比较分析三个岛屿，分别代表高层、中层和基层，同时解释理由。组织学生讨论在哑人岛上如何有效地进行"上传下达"的工作，让学生们认识到选择适当的沟通方式、沟通对象和沟通时机的重要性。组织学生讨论珍珠岛上的居民如何选择任务，采用"时间象限图"法与学员一起探讨紧急事件与重要事务的关系，以及与不同层级员工的关系。组织学生讨论如何激励盲人岛上的居民自愿积极地完成任务。

注意事项：教师应时刻注意监控盲人岛上的学员，及时提醒他们注意自己的位置别掉下去。教师应严密监控盲人向其他岛的移动，保护他们在移动过程中的安全，可张开手臂来保护他们不从木板上掉下来，手臂要与学生身体保持适当距离。一个岛上集中人数较多时，尽量将盲人安置在岛的中间部分。提醒盲人在摘眼罩时要先闭眼适应一会儿，再慢慢睁开眼。哑人运用杠杆原理搭板时要提醒其小心，关注木板是否稳定，不要压伤自己的手指或是同伴的脚。时刻提醒学生互相保护，不要让人掉下去。

拓展思考：以信任与全局观为话题进行探讨。运用层级管理分析问题。物理定律的简单运用能力可以体现什么？

（二）蜘蛛网

项目介绍：该项目融合了幻想与挑战，是一个集创建团队、培养团队合作精神、培养领导才能、锻炼沟通能力、锻炼处理冲突技巧于一体的优秀项目。

项目人数：16 人左右。

项目时间：90 分钟。

场地器材：在室外平坦、没有硬物的场地，专用设施或利用固定立柱编织一张宽 3 米、高 1.5 米左右的绳网，网内设有用于学员通过的网眼，数量为学员人数的 120%，在较低处留 2～3 个相对容易通过的网眼，标记通过网眼的短绳若干。准备蒙眼布若干（将被蜘蛛咬着的人的眼睛蒙上）、小铃铛若干（用来做警报器）大橡胶蜘蛛（制造紧张气氛）。

项目目标：培养学生协调统一的意识。让学生学习如何提高认识、分配和利用资源的效率。正确科学地作出决策，统一领导和意见，分工明确合理。合理节约时间的意义和作用。学会科学的工作方法，介绍 PDCA 工具，即计划（Plan）、执行（Do）、检查（Check）、处理（Action）循环的工作程序。通过亲密的身体接触，增进同学们之间的感情，拉近彼此之间的距离。

项目过程：

（1）项目设置。用螺栓或绳子在两棵树上各做四个固定点，最低固定点距离地面约 20 厘米，固定点之间有 70 厘米。借助固定点来测量出编织蜘蛛网边框需要多长的尼龙绳。尼龙绳的长度 =（两棵树的间距 + 最高固定点与最低固定点之间的距离）×2，在尼龙绳上每隔 10～15 厘米打一个结，

绳子不容易滑动。用打好结的尼龙绳编织边框。具体做法：从树 1 开始，把尼龙绳的一端系在树 1 的最低固定点上；将绳子由下至上穿过树 1 的其他三个固定点，到达最高固定点；把绳子从树 1 的最高固定点拉到树 2 的最高固定点；将绳子从上到下穿过树 2 的四个固定点，到达最低固定点；把绳子从树 2 的最低固定点拉回到树 1 的最低固定点；绳子的剩余部分固定在树 1 的最低固定点上。编织蜘蛛网。具体做法：从角落开始模拟蜘蛛网编成一张网。网洞的大小以使队员顺利钻过为标准。把一只橡胶蜘蛛和一个小铃铛放在编好的蜘蛛网上，可以烘托气氛，小铃铛也可以发挥警报器的作用。

（2）项目控制。将学生分成若干个由 8～12 个人组成的小组。教师致游戏开场白："你们小组在一片原始森林中迷失，而终于找到的唯一走出森林的出路被一个巨大的蜘蛛网封锁了，所有人必须从蜘蛛网中钻过去。这时蜘蛛正在睡觉，但很容易被惊醒。因此，在穿越蜘蛛网的过程中一旦有人碰到蜘蛛网，就会惊醒蜘蛛被蜘蛛咬伤，结果是正在穿越的人和已经过去的人会立刻双目失明。另外，蜘蛛网的每一个网洞都只能用一次，否则第二次通过的人就会惊醒蜘蛛，因此，所有人必须从不同的网洞穿越过去。"参与人数多时大家可以互相监督，也可以观察其他小组的游戏进行状况。所有小组完成之后，引导学生就游戏中的问题进行讨论分析。

注意事项：确保学生安全，避免学生受伤跌落。

拓展思考：在游戏过程中有什么问题出现吗？采取了什么解决方法？游戏过程中是否有充足的沟通，任务是否清楚？游戏过程中是否发生了冲突？如果有，又是如何处理的？

（三）跨越雷区

项目介绍：学生戴上眼罩，在"幸运组员"的语言指导下依次通过雷区。

项目人数：10 人以下为一组。

项目时间：50 分钟。

场地器材：一片空地；大号塑料杯 3 个，A4 白纸数张，桌子，每组一块 30 厘米×30 厘米的纸板，每人一个眼罩。

项目目标：让学生学会更多的沟通方式，教授沟通技巧，提升沟通能力。

项目过程：

（1）项目布置。教师用白纸来设置障碍。把桌子放在游戏区域中间位置，上面摆放一个杯塔（底部的杯子正放，第二个杯子倒放，第三个杯子盛水放在第二个杯子上）。每组选择一位"幸运组员"，要站在雷区另一边，负责指挥同伴跨越雷区。除"幸运组员"外，其他组员需要蒙上眼睛按顺序通过雷区。每组的全部组员通过雷区时，要将小组的纸板放在杯塔上，杯塔不倒则视为完成任务。踏中雷区（杯塔倒掉）的学生视为"死亡"，结束游戏，可以在一旁继续观看。顺利通过雷区的组员可摘下眼罩，帮助指导其他组员通过雷区。

（2）项目总结。让学生克服心理恐惧，在看不到的情况下，尽量冷静，根据他人的指导语协调动作。先通过雷区的人虽然付出的代价多，但是也会得到十分宝贵的经验。指导"幸运组员"和蒙眼组员相互交流信息。人多会导致混乱，需要有关键人物控制场面，冷静地向同伴传递信息。

注意事项：时刻注意学生安全。

拓展思考：在游戏过程中，有哪些有效的方法可以让蒙眼的组员们进行互相交流？同时，蒙眼组员在游戏中有何感受？另外，有哪些改进沟通方式的方法可以被采用？

（四）驿站传书

项目介绍：按照规则要求，学生纵队依次传递一组信息。

项目人数：10～15人为一组。

项目时间：90分钟。

场地器材：教室；纸、笔、秒表。

项目目标：使学生学习团队信息高保真传递的方法，认识创新能力多么重要。项目过程：

（1）项目布置。不准说话；不许回头；后面人的身体不准超过前面队友的横截面；教师的指令不许怀疑；教师可随时增加新的游戏规则，并且立刻生效。

（2）项目控制。教师将每轮给出一组数字，每组按照规则要求将数字信息从末尾传至排头，速度最快、最准确的一组获胜。比赛五局，每局结束后有 3 分钟时间讨论；每局开始前教师要根据情况增加新规则，之后给出 3 分钟时间来进行讨论。注意事项：提醒警告违规者，避免意外发生，注意调解氛围。

拓展思考：游戏中，P（计划）D（实施）C（检查）A（改善行动）是如何体现的？游戏中，团队是否做出创新？创新与游戏规则冲突吗？本团队的优缺点各是什么？怎样在不规范甚至混乱的情况下，研究规则、利用规则、出奇制胜？团队信息的传递必须有一个准确的"发送—接收—解码—编码—再发送—再接收"的过程。每一个过程都不允许出错，所以要求信息反馈与确认。

三、团队户外项目

团队合作可以调动所有成员的优势，使团队迸发出潜力。大学生参与团队合作项目有助于提高协作能力，使大学生明确个人和团队的职责，向着集体的共同目标努力。

现重点介绍以下几种团队类户外项目。

（一）众志成城

项目介绍：团队合作项目。

项目人数：20 人以上。

项目时间：20～40 分钟。

场地器材：一块平地；若干张泡沫拼图。

项目目标：理解合作的重要性，明白个人在团队中也要履行义务。

项目过程：把参与者分组。在地上铺好若干块 1 平方米的泡沫拼图，请各组成员分别站在各组的泡沫拼图上，不限方式，只要脚不踏在泡沫拼图外就可以。若有一个成员被挤出拼图外整组会被淘汰。逐次减少泡沫拼图的数量，之后游戏继续，淘汰方式同上。直到淘汰至最后一组时结束。最后一组获胜。

注意事项：注意学生安全；必要时可男女分组进行。

拓展思考：团队的成功离不开合作。每个人都在团队中发挥着作用，合作可以发挥团队的最大优势。

（二）信任背摔

项目介绍：团队合作项目。

项目人数：12～16 人。

项目时间：40 分钟。

场地器材：一块平整的场地；一个 1.5～2 米高的背摔台。

项目目标：培养团队之间的相互信任；鼓励学生具备面对挑战的勇气；培养学生具备换位思考的意识；帮助学生意识到突破自身本能的重要性；让学生理解制定有效制度对于任务完成的价值。

项目过程：学生先将身上所带的硬物取下放到指定的安全区域。背摔（后倒）前，接受队训，练习绑手、对位、试压以及搭人床。每一个学生轮流站在背摔台上按照要求后倒，其他所有队友将其接住。

注意事项：在参与此项目时，严禁有严重外伤病史的人、患有严重心脑血管疾病或精神病的人，以及高度近视的人参加。在进行背摔动作之前，教师应试压接人学员的双臂，并强调每个人手臂位置的重要性。而当背摔学生倒下并站立在背摔台上时，应靠着护栏保持平衡。为了确保安全，接人学生的排列顺序应按照弱—较强—强—强—较强—弱的顺序，其中第三和第四组的安排应为男生，并且要求手臂保持水平或逐渐升高。学生进行背摔操作时，教师应使用一只手紧握护栏，并与学生握手以保持稳定，背摔绳则应随着学生的重心移动。教师在适当的时机松开手。学生进行背摔时，应避免头部和肩膀先着地，尽量保持身体平稳。在背摔学生倒下后，教师需要确保学生安全接触地面，并蹲下控制学生的脚部。当学生站起时，要注意防止头部向前冲撞背摔台。

拓展思考：团队中信任的重要性。

（三）平结绳圈

项目介绍：团队协作项目。

项目人数：不限。

项目时间：30 分钟。

场地器材：一块平地；若干条长短不一的绳子。

项目目标：锻炼学生团队协作的精神，提升挑战极限的能力。培养创新能力。

项目过程：

（1）第一阶段。教师教学生如何用绳子打平结（绳子的活结打法，节点可以任意伸缩）。学生通过打平结，打成一绳圈放在地上，本组所有成员都把脚放在绳圈内。教师提醒学生本组所有人确认脚是否都在绳圈内。教师下达命令"开始换位"，学生全部离开自己的绳圈，站到其他的绳圈内。循环三次。从第四次开始，每次减少一个绳圈的数量，教师要提醒学生观察本组所有人的脚是否都在绳圈内（可能是几个人同时挤在同一个绳圈里）。当只剩下一个绳圈时所有人都需要站在一个绳圈里，之后不断缩小圆圈，直到大家都挤在一起。

（2）第二阶段。教师逐渐缩小绳圈至极限范围，其间要不断询问所有人是否有信心挑战极限。在学生不断进行挑战的过程中，教师要调动场上的气氛。发现学生没有办法解决问题时，可以观察情况公布正确的解决方法。

注意事项：注意学生的安全，以防摔倒、挤压，避免损伤事故。

拓展思考：游戏中是否创新，大家是否全力合作？有什么样的效果？

参考文献

［1］沈永金. 户外运动［M］. 昆明：云南大学出版社，2013.

［2］邹纯学，李远乐. 户外运动［M］. 长沙：湖南科学技术出版社，2005.

［3］胡昕，李政，马征. 大众户外运动［M］. 长春：吉林大学出版社，2015.

［4］远望图书部编. 驴行天下 户外运动装备、生存、救助、摄影、实战［M］. 北京：人民交通出版社，2005.

［5］陈杉杉，汤澍，徐子琳，等. 户外运动与养生保健［M］. 上海：上海交通大学出版社，2016.

［6］卢琳. 广西高校户外运动专门人才培养现状及对策研究［D］. 桂林：广西师范大学，2020.

［7］崔玫瑰. 上海市普通高校户外运动发展现状及对策研究［D］. 上海：上海师范大学，2020.

［8］方健. 赣州市大中专院校户外运动教育课程发展现状调查分析［D］. 赣州：赣南师范大学，2019.

［9］陈泽旭. 上海市大学生徒步穿越风险管理研究［D］. 上海：上海师范大学，2018.

［10］肖梦儒. 新乡市高校户外自行车运动发展困境与推广策略研究［D］. 大连：辽宁师范大学，2018.

［11］庄韬光，李梦璐，陈天然，等. 首都山地户外运动与旅游发展策略研究［J］. 产业与科技论坛，2021，20（04）：22-23.

［12］张大春. 简析急救措施在高校户外运动中的重要性［J］. 青少年体育，2021（01）：97-98.

［13］刘华. 当代高校户外运动安全教育与管理方法探析——评《户外运动训练及其安全管理》［J］. 中国安全科学学报，2020，30（12）：186.

［14］林世勇. 户外运动训练在高校体育教学中的实施措施［J］. 科教文汇（中旬刊），2020（32）：133-134.

［15］严江. 高校体育运动中安全指导建议与防护对策——评《学校户外运动安全指导》［J］. 中国安全生产科学技术，2020，16（10）：192.

［16］梁辰蕾，庄韬光，杨文革，等. 首都高校山地户外运动发展研究［J］. 科教导刊（中旬刊），2020（29）：20-21.

［17］杨晨飞，但懿. 基于 ERG 理论的高校户外运动人才培养模式研究［J］. 体育科技文献通报，2020，28（09）：62-64.

［18］钱宝山. 高校户外运动课程风险管理探究及应对策略分析［J］. 中外企业家，2020（10）：202.

［19］宋杨. 浅析高校户外运动安全保障体系的构建［J］. 当代体育科技，2020，10（02）：54-55.

［20］张园春. 高校体育运动中安全指导建议与防护对策——评《学校户外运动安全指导》［J］. 中国安全科学学报，2020，30（01）：187.

［21］徐瑜，杨文革. 户外急救课程在高校开展形式的研究［J］. 当代体育科技，2019，9（22）：85＋87.

［22］梁辰蕾，杨文革. 户外急救与避险课程在高校广泛推广的可行性研究［J］. 智库时代，2019（23）：261-262.

［23］赵悌金，邹华. 云南省高校开展户外运动课程的前景研究［J］. 体育世界（学术版），2019（03）：28＋30.

［24］程晓艳. 户外运动训练在高校体育教学中的实施措施［J］. 当代体育科技，2019，9（01）：68-69.

［25］肖亚玲. 在高校推广户外运动的前瞻性思考［J］. 中小企业管理与科技（下旬刊），2018（10）：80-81.

［26］周珂. 徐州市高校大学生户外运动现状调查研究［J］. 运动，2018（19）：60＋62.

［27］蔡莉，袁强. 湘西地区高校户外体育课程资源开发 SWOT 分析与对策研究［J］. 体育世界（学术版），2018（08）：178＋173.

［28］许杰，黄巧婷，万鑫. 高校户外运动参与者运动损伤状况调查分析
　　　［J］. 运动精品，2018，37（08）：91-92＋94.

［29］化夏，韩蕾. 石油类高校开设户外运动课的实践研究——以中国石油
　　　大学（华东）为例［J］. 湖北体育科技，2018，37（07）：638-641.

［30］林晓姿，杨文革. 以 C 级户外运动赛事促进高校户外运动发展的可行
　　　性探讨［J］. 运动，2018（13）：95-97.